Couvertures supérieure et inférieure manquantes

L'AIGLE-NOIR DES DACOTAHS

ŒUVRES DE GUSTAVE AIMARD

A 3 FRANCS LE VOLUME

LES CHASSEURS MEXICAINS, avec gravure. . .	1 vol.
DONA FLOR	1 vol.
LES FILS DE LA TORTUE, 2ᵉ édit., avec gravure .	1 vol.
L'ARAUCAN, 2ᵉ édit., avec gravure	1 vol.

A 2 FRANCS LE VOLUME

UNE VENDETTA MEXICAINE, avec gravure . . .	1 vol.

OUVRAGES GRAND IN-4° ILLUSTRÉS

Voir le Catalogue général

GUSTAVE AIMARD & JULES-B. D'AURIAC

A 1 FR. 25 LE VOLUME

L'AIGLE-NOIR DES DACOTAHS	1 vol.
LES PIEDS FOURCHUS.	1 vol.
LE MANGEUR DE POUDRE	1 vol.
L'ESPRIT BLANC	1 vol.
LE SCALPEUR DES OTTAWAS	1 vol.
LES FORESTIERS DU MICHIGAN	1 vol.
ŒIL-DE-FEU.	1 vol.
CŒUR-DE-PANTHÈRE	1 vol.
LES TERRES D'OR	1 vol.
JIM L'INDIEN.	1 vol.
RAYON-DE-SOLEIL.	1 vol.

Note de l'éditeur. — Tous les ouvrages de la collection à 1 fr. 25 seront édités dans le cours de l'année 1878.

---

621. — Abbeville. — Typ. et stér. Gustave Retaux.

GUSTAVE AIMARD ET J.-B. D'AURIAC

L'AIGLE-NOIR

DES DACOTAHS

PARIS

A. DEGORCE-CADOT, ÉDITEUR

9, RUE DE VERNEUIL, 9

Tous droits réservés.

1858

L'AIGLE-NOIR

DES DACOTAHS

CHAPITRE PREMIER

A L'OCCIDENT

La civilisation est animée d'une force immense qui la pousse à une expansion sans limite ; comme la vapeur impatiente que soulève une ardente flamme, elle est toujours en ébullition, prête à se répandre hors des limites connues. La civilisation est le mouvement perpétuel de l'humanité, toujours à la recherche de l'infini.

Mais, sur son passage, elle laisse des traces, souvent misérables ou sanglantes, — épaves ballottées sur l'océan du destin ; — elle détruit en créant; elle fait des ruines en consolidant son édifice; elle engloutit quiconque veut lutter avec elle.

Il y a deux siècles à peine des peuplades appelées sauvages, — pourquoi sauvages ?... — promenaient dans les forêts vierges du Nouveau-Monde leur fière indolence, leur liberté solitaire, leur ignorance insouciante du reste de l'univers.

La civilisation s'est abattue sur ces régions heureuses, comme une avalanche, elle a balayé devant elle les bois, leurs hôtes errants, — Indiens, buffles, gazelles ou léopards ; — elle a supprimé le désert et ses profonds mystères ; elle a tout absorbé.

Aujourd'hui on imprime et on vend des journaux là où jadis le Delaware, le Mohican ou le Huron fumait le calumet de paix ; on agiote à la Bourse là où mugissait le buffle ; on fabrique des machines à coudre là où la squaw indienne préparait le pemmican des chasseurs ; le rail-way a remplacé les pistes du Sioux sur le sentier de guerre ; on vend de la bonneterie là où combattirent des héros.

Et peu à peu l'*Homme rouge*, le vrai, le maître du désert, s'est retiré, luttant d'abord, fuyant ensuite, demandant grâce enfin.... — demandant, sans l'obtenir! une dernière place sur cette terre de ses ancêtres, pour y dormir à côté de leurs vieux ossements.

Roule avalanche ! tombez nations du désert ! et roulez sur cette pente inexorable qui mène à l'Océan ! Bientôt l'Indien aura vécu, il sera une légende, une ombre, un mythe; on en parlera, comme d'une fable ; et puis on n'en parlera même plus ; l'oubli aura tout dévoré.

Que le lecteur veuille bien nous suivre dans ce monde presque disparu : les *Prairies* de l'Orégon nous offrent l'hospitalité, la grande et majestueuse hospitalité que Dieu donne à l'homme dans le désert.

La matinée était ravissante : frais et joyeux de son repos nocturne, le soleil envoyait ses premiers rayons cueillir dans le calice des fleurs des myriades de perles semées par la rosée ; chaque feuille de la forêt, illuminée par une flèche d'or, envoyait autour d'elle des reflets d'émeraude ; chaque colline s'empourprait ; chaque nuage rose semblait chercher un nid pour y conserver sa fraîcheur. Les oiseaux chantaient, les rameaux babillaient, les ruisseaux murmuraient ; tout était en joie dans l'air et sur la terre, et du désert immense s'élevait l'harmonie ineffable qui, chaque jour, salue le Créateur.

Dans un de ces groupes arborescents qui rompent d'une manière si pittoresque l'uniformité des pelouses éternelles, était installé le campement rustique d'un convoi de pionniers. Au milieu du retranchement circulaire formé par les wagons s'élevait, sous le feuillage d'un tulipier, une jolie tente blanche ressemblant de loin à quelque grand cygne endormi sur le gazon.

Dans les wagons on aurait pu entendre la robuste respiration des dormeurs ; ce paisible écho du sommeil excitait une rêverie mélancolique et quelques symptômes d'envie chez la sentinelle qui veillait au salut des voyageurs.

Le rideau de la petite tente blanche s'agita, s'entr'ouvrit et laissa paraître une adorable tête de jeune fille ; ses longs cheveux ondulés, blonds comme les blés mûrs, se répandaient à profusion sur ses épaules, pendant que ses deux petites mains mignonnes cherchaient vainement à les réunir en une large tresse ; ses yeux noirs à reflets bleus illuminaient un frais visage rose ; un sourire joyeux anima sa charmante figure, à la vue des splendeurs de l'aurore ; d'un bond de gazelle elle s'élança hors de la tente et s'avança sur la pelouse avec une démarche de fée ou de princesse enchantée.

Apercevant des touffes de fleurs qu'avaient épargnées les pieds lourds des hommes et des chevaux, elle courut les cueillir, plongeant, toute rieuse, ses mains dans la rosée odorante.

— Et maintenant ! se dit-elle en promenant des yeux ravis sur la plaine onduleuse, faisons une petite excursion dans la *prairie!* Ce n'est pas se promener que de suivre la marche fortifiée des wagons où je me sens prisonnière. Allons aux fleurs ! allons aux champs ! qu'il fera bon de courir sur ce gazon avec le vent du matin !

Esther Morse (c'était son nom) rentra dans sa tente pour y prendre un chapeau de paille, rustique, mais décoré de beaux rubans cramoisis, s'en coiffa coquettement et partit en chantant à mi-voix.

Elle passa à côté de la sentinelle qui, fatiguée de sa nuit sans sommeil, s'appuyait languissamment sur sa carabine. C'était un beau jeune homme, grand et fort : en voyant la jeune promeneuse il tressaillit comme s'il eût aperçu une apparition.

— Ce n'est pas mon affaire de vous donner un conseil, miss Esther, murmura-t-il, mais prenez garde ; on ne sait quels Peaux-Rouges sont en embuscade derrière ces rochers là-bas.

— Ne craignez rien pour moi, Abel Cummings, répondit-elle avec un gracieux sourire ; je veux seulement faire un tour sur la pelouse. Je serai de retour avant le déjeuner.

— Si les anges descendaient sur la terre, je croirais en voir un, se dit le jeune homme en la regardant s'éloigner.

Bientôt elle eut franchi l'enceinte du camp ; insoucieuse du danger, tout entière au charme du délicieux paysage qui l'entourait, Esther courut au ruisseau dont le frais murmure se faisait entendre dans le bois. En route, elle papillonnait de fleur en fleur, butinant à droite et à gauche comme une abeille matinale. Arrivée au bord de l'eau, elle ne put se dispenser de s'y mirer : jamais sans doute ce miroir du désert n'avait reflété plus joli visage : la jeune fille en profita pour faire une toilette champêtre et disposer une couronne de fleurs dans les nattes épaisses de sa luxuriante chevelure.

Tout à coup un bruit furtif la fit tressaillir ; elle écouta un instant, tremblante, en regardant à la hâte autour d'elle. Était-ce le vent dans les branches...? le tonnerre lointain d'une bande de buffles au galop...? ou le pas méfiant de quelque grand loup gris...? ou bien, ô terreur ! la marche invisible de l'Indien féroce en quête de prisonniers ou de chevelures...?

Au premier regard qu'elle lança derrière elle, elle aperçut une femme indienne debout à quelque distance. S'élancer vers le camp pour échapper aux poursuites des sauvages, fut le premier mouvement d'Esther ; mais au premier pas qu'elle fit, elle sentit une main saisir vivement les plis flottants de sa robe : l'Indienne était à ses côtés.

— Regardez-moi, lui dit cette dernière d'une voix gutturale mais caressante et harmonieuse ; regardez ! moi pas ennemie. La Face-Pâle a donc oublié les Laramis ? La mémoire des femmes blanches n'est pas droite comme le cœur des femmes rouges.

Un instant glacé dans ses veines, le sang d'Esther colora ses joues ; elle avait reconnu dans la jeune Indienne la fille d'une tribu amie que les voyageurs avaient rencontrée quelques semaines auparavant.

— La femme blanche a été bonne pour moi. M'a-t-elle déjà oubliée ? ne reconnait-elle plus l'épouse d'un grand chef des Sioux ?

La jeune Indienne, vivement éclairée par les rayons naissants du soleil, réalisait dans toute sa perfection le type si rare de la beauté sauvage.

Taille élancée et souple se redressant avec une grâce féline; petits pieds ornés de mocassins coquets en fourrure blanche; longue chevelure brune et soyeuse à reflets dorés; grands yeux de gazelle, profonds et pensifs; profil d'aigle, fondu, pour ainsi dire, en physionomie de colombe; tout se réunissait en elle pour faire une admirable créature, qu'on ne pouvait facilement oublier.

— Oui, répondit Esther, je me souviens bien de vous, mais quel motif vous a amenée si loin de votre tribu ? Je ne croyais pas que les femmes indiennes eussent l'habitude de s'éloigner autant de leurs wigwams, et de laisser ainsi leurs maris.

— Waupee n'a plus de mari.

— Comment? que voulez-vous dire ? Il n'y a pas un mois, je vous ai vue l'épouse d'un grand guerrier, fameux sur le sentier des chasses.

— Un jour, une femme belle comme une rose blanche est venue dans le wigwam de l'Aigle-Noir. Le guerrier a oublié Waupee sa femme, et son cœur s'est tourné vers la robe blanche. Waupee n'a plus de mari.

— Waupee! (c'est-à-dire Faucon-Blanc) que me racontez-vous là? je ne vous comprends pas.

— Le guerrier n'a plus voulu regarder la lune lorsque les rayons d'or du soleil ont frappé sa paupière.

— Vous me parlez en énigme; expliquez-vous clairement.

— L'Aigle-Noir a les yeux fixés sur la beauté de la Face-Pâle, dit l'Indienne en appuyant son doigt contre la poitrine d'Esther.

— Sur moi! vous vous trompez! répliqua Esther avec un sourire inquiet.

— Ma langue suit le droit chemin de la vérité.

— Mais c'est une folie! Il ne me reverra plus; il m'oubliera, Waupee! et de beaux jours reviendront pour vous.

— L'homme rouge n'oublie jamais.

— Et vous avez fait une longue route... vous êtes venue si loin pour me parler de cela?

— Le wigwam de Waupee est désolé.

— Vous avez un autre motif... parlez, parlez donc, je vous en conjure.

— Que ma sœur à visage blanc penche son

oreille, pour que Waupee puisse y murmurer des paroles secrètes, dit l'Indienne en baissant la voix et regardant autour d'elle avec inquiétude ; les bois, les eaux, les rochers ont des oreilles.

— Oh ! vous me faites mourir de peur, qu'allez-vous m'annoncer ?

Faucon-Blanc se haussa sur ses petits pieds pour atteindre à l'oreille d'Esther, et la serrant dans ses bras lui dit précipitamment :

— L'Aigle-Noir des Sioux est sur la trace de la Face-Pâle, cherchant à la faire sa prisonnière.

— Horreur ! il est peut-être déjà posté entre nous et le camp de mon père : merci ! merci ! bonne Waupee, je...

— Silence ! interrompit celle-ci en se baissant jusqu'à terre pour écouter ; la terre tremble sous les pieds des chevaux, mais ils sont loin encore. Que ma sœur Face-Pâle coure rejoindre son peuple, et qu'elle ne s'en éloigne plus. L'œil de l'Aigle-Noir est perçant, ses pieds légers, son cœur ne connaît ni la pitié ni la crainte.

— Et vous, Waupee ?

— Le Grand-Esprit me conduira. La pauvre Indienne a risqué sa vie pour vous sauver : vous ne l'oublierez pas...

Au même instant Waupee tressaillit comme si un serpent l'eût piquée, et, sans prononcer une parole, disparut dans le fourré.

Abandonnée à elle-même, Esther demeura immobile et incertaine pendant quelques secondes ; puis elle s'enfuit vers le camp avec la rapidité d'une biche effarouchée. Sentant ses jambes se dérober sous elle, elle s'arrêta un moment pour reprendre haleine, et, tout en écoutant avec terreur, se baissa pour prendre avec la main quelques gouttes d'eau dans le ruisseau.

Quand elle se releva pour fuir encore, les buissons s'ouvrirent avec fracas à côté d'elle, une forme sombre lui apparut : c'était l'Aigle-Noir des Sioux.

— Ugh! fit la voix gutturale et contenue du sauvage.

En même temps il saisit dans ses bras rouges la jeune fille glacée d'effroi, et l'emporta comme eût fait d'une colombe l'oiseau dont il portait le nom.

CHAPITRE II

UN NOBLE CŒUR

— Abel Cummings ! que faites-vous là, mon bon garçon ? Venez un peu par ici.

Parlant ainsi, un homme âgé, de bonne tournure et de bonne humeur, sortit d'un vaste wagon qui lui avait servi de chambre à coucher.

— Ce que je fais, sir ? Je regarde si miss Esther apparaît là-bas. Elle est sortie ce matin, un peu imprudemment, je trouve.

— Vous pouvez vous occuper plus utilement qu'à suivre la capricieuse promenade d'une femme. Laissez-la courir ; nous la verrons arriver tout à l'heure au grand galop. Pensons à tout mettre en ordre pour le départ.

— Mais, sir, il y a partout dans ces bois des vagabonds indiens; qui sait ce dont ils seraient capables envers la jeune fille?

— Ils la mangeront peut-être! reprit le père avec un franc éclat de rire.

Contrarié de cette réponse, le jeune homme se détourna vivement, et pendant une heure, oublia ses craintes au milieu du tumulte des préparatifs. Cependant, plusieurs de ses compagnons partageaient ses inquiétudes, connaissant bien l'étourderie imprudente de la jeune fille, qui, jusque-là, avait été accoutumée à satisfaire ses moindres caprices.

Son père, lui-même, quoique indifférent en apparence, ne cessait de tourner ses regards dans la direction qu'avait prise Esther. Cette charmante enfant était la seule survivante d'une famille adorée : elle était le seul et dernier bonheur de son père qui, blessé au cœur par les morts successives de sa femme et de ses fils, cherchait dans le *lointain Ouest*, la solitude et son repos profond.

L'heure du déjeuner arriva; la jeune fille ne

reparut pas. Quelques instants s'écoulèrent dans une attente de plus en plus anxieuse; bientôt chacun se sentit le cœur serré par le pressentiment d'une catastrophe inconnue. Tous les yeux se dirigèrent avec anxiété vers la prairie, mais sans y rien apercevoir : partout des arbres, des pelouses à perte de vue, quelques vautours dans l'air.... mais nulle apparence d'une créature humaine : seule, une bande échevelée de chevaux sauvages se montra et disparut comme un éclair, aux limites de l'horizon poudreux ; puis le désert reprit sa physionomie solitaire et inanimée.

Cet incident fugitif rappela le vieillard au souvenir de ce qu'il y avait à faire.

— Sellez vos meilleurs chevaux, enfants! s'écria-t-il.

Cet ordre, prononcé d'une voix déchirante, fut exécuté avec une sorte d'emportement par les serviteurs inquiets.

— Abel Cummings ! conduisez-nous : c'est vous qui le dernier l'avez aperçue.

— Oui, sir... je...

— Allons ! pas de paroles inutiles ! des actions

promptes et énergiques ! Le salut de ma fille en dépend. Je promets cent dollars au premier qui m'apportera de ses nouvelles. A cheval, mes amis ! partons tous, excepté ceux qui restent pour la garde du camp.

Aussitôt l'enceinte fut reformée, les bestiaux enfermés, des sentinelles postées ; chaque homme, en armes, se tint prêt à partir.

A ce moment on aperçut dans le lointain un point nuageux qui paraissait se mouvoir. Tout est significatif au désert : chacun songea que ce tourbillon à peine visible pouvait cacher des rôdeurs indiens, à la fois larrons et assassins.

Le nuage s'approchait ; la petite troupe attendait, le cœur palpitant, le fusil ou le couteau à la main.

En quelques secondes il fut à portée de la vue; deux cavaliers se montrèrent, dévorant l'espace sur des chevaux couverts d'écume.

Le premier montait un superbe animal, tout noir comme de l'ébène, à l'exception d'une étoile blanche sur le front. Jamais plus noble coureur ne fendit l'air avec plus de vitesse, les yeux ardents, les oreilles pointées en avant, la crinière flottante.

Son cavalier, inébranlable sur sa selle, insouciant de ce galop furieux, le menaçait d'une seule main, et, penché sur son cou, semblait le devancer.

Arrivé près du camp, le cavalier arrêta son cheval aussi court que s'il l'eût cloué au sol. La noble bête resta immobile sans qu'un tressaillement ou le battement de ses flancs trahît la moindre apparence de fatigue.

— Qui êtes-vous ? que voulez-vous ? demanda Miles Morse.

Le nouveau venu jeta, sans répondre, un rapide regard sur tous ceux qui l'entouraient ; puis, souple comme une panthère, il sauta à terre et s'avança dans l'enceinte.

C'était le plus magnifique spécimen du trappeur des frontières : grand, droit comme un pin, nerveux comme un ressort d'acier, il portait haute et fière une belle tête aux longs cheveux noirs, à la barbe épaisse et grisonnante, aux yeux perçants et hardis comme ceux d'un faucon.

Son pittoresque costume en peau de daim était curieusement orné de franges et de broderies : un galon d'or entourait son large *sombrero*. Une longue carabine, des pistolets et un large couteau de chasse complétaient son équipement.

C'était bien le digne fils de cette audacieuse race de pionniers qui ont conquis, pas à pas, les régions inexplorées de l'Occident américain ; franchissant les fleuves géants, les montagnes inaccessibles, les prairies sans limite ; chassant tour à tour, l'ours gris, l'Indien, le buffle, la panthère ; dormant sur les arbres, dans les marais, aux cimes des rochers, dans la neige ou à côté des volcans ; mais ne dormant que d'un œil, toujours le riffle au poing, le couteau à la ceinture, les nerfs tendus, l'oreille au guet.

— Qui je suis, étranger ? répliqua le nouveau venu d'un ton tranquille, comme un homme qui fait les honneurs de chez lui ; vous n'êtes pas sans avoir entendu parler de Kirk Waltermyer.

— Waltermyer ? je crois bien que ce nom a déjà frappé mes oreilles.

— Je le pense aussi, étranger : oui, je suis parfaitement connu, des sapins de l'Orégon aux dernières frontières du Texas. Demandez à Lemoine, mon camarade, si nous n'avons pas dansé le fandango dans chaque hacienda, chassé dans chaque forêt, et frappé sur toutes les rivières de ces régions.

Son compagnon (le second cavalier) hocha sentencieusement la tête. C'était un *sang mêlé* de race française, comme il s'en trouve beaucoup parmi les chasseurs et trappeurs des frontières. Taillé en hercule, sévère et rude du visage, parlant peu, prompt à agir, Lemoine était un ami à rechercher, un ennemi bien fort à craindre.

Son équipement ressemblait à celui de Waltermyer : seulement il était moins coquet.

— Oui, reprit Morse, j'ai entendu parler de vous, je m'en souviens maintenant ; je m'attendais à vous trouver aux environs du lac Salé ; mon intention était de vous demander si vous pourriez me servir de guide jusqu'à la vallée Walla-Walla.

— Ce n'est pas difficile, étranger, répondit le

trappeur avec un gros rire ; je vous conduirais partout par là, les yeux fermés.

— Très-bien ! je vous crois, et nous reparlerons de cela plus tard. D'abord permettez que je vous demande ce que vous venez faire ici.

— Je promène mon cheval ! mon bon, robuste et léger cheval aux jambes d'acier. Ah ! étranger, ce n'est point un de vos mustangs (petits chevaux sauvages) ; c'est une bête pur sang, qui vaut son poids de diamant.

— Je le sais : mais parlons de vos affaires : d'après ce que je sais, cette route ne vous est pas habituelle.

— Je ne dis pas non ; quelques camarades de cet enfant du diable, Brigham Young, m'ont émoustillé au sujet d'une centaine de têtes... Je ne suis pas homme à jouer ce jeu-là ; je vous le dis.

— Cent têtes ! qu'est-ce que cela signifie ?

— Ha ! ha ! on voit que vous venez de l'Est. Des têtes !... de bétail : entendons-nous. Mais ils n'ont pu réussir à me les voler, car ils savent que ma carabine a une façon toute particulière de dire son mot, quand on oublie de payer ce qu'on achète.

— Je comprends. Et maintenant, écoutez-moi : ma fille est allée, ce matin, de bonne heure, se promener dans les environs du camp ; j'ai des craintes...

— Lemoine, interrompit rudement Waltermyer en fronçant le sourcil, vous souvenez-vous de ces coquins rouges que nous avons vus sur la prairie, où ils faisaient semblant de poursuivre des chevaux sauvages ? Je vous le dis, c'étaient des gredins occupés à faire le guet autour des voyageurs ; ils ont enlevé la jeune fille. Quelle direction avait-elle prise, étranger ?

— Par là : derrière ce bosquet.

— Les chenapans étaient embusqués là pour faire un mauvais coup ! ils l'ont enlevée, je parierais douze belles peaux de biches. Lemoine ! partez avec celui qui l'a aperçue en dernier lieu ; — c'est vous l'homme ? — et voyez si vous pourrez trouver la piste.

Quand le Français fut parti avec Abel Cummings, il continua :

— Ce gaillard-là est un vrai limier, il a l'oreille fine comme un daim, il est plus rusé qu'un renard, fiez-vous à lui.

Tout en parlant, il débarrassait son cheval de la selle, de la bride, et le laissait libre de brouter à son aise l'herbe fine et parfumée.

Au bout d'une demi-heure que l'attente fit paraître plus longue qu'un siècle les deux chercheurs reparurent.

— Eh bien ! Lemoine ?

— La fille a été enlevée, c'est formel ; par un Indien, j'en suis sûr. Il y a une autre trace de mocassins, mais plus petite, il y avait aussi là une *squaw* (femme indienne). J'ose dire que les deux femmes ont parlé ensemble, puis elles se sont quittées, à ce moment quelqu'un de ces fils du diable qui guettait a fondu sur elle, l'a emportée jusqu'à l'embuscade où l'attendaient ses compagnons ; ensuite il a jeté la jeune fille en travers sur la selle et tous se sont sauvés comme de noirs larrons.

— Si vous le dites, c'est vrai, je vous crois.

— Nous avons vu passer une bande de chevaux

sauvages, dit Mores, mais ils n'avaient pas de cavaliers.

— Vous parlez comme un enfant, pauvre homme, dit Waltermyer d'un ton de professeur, comme un nourrisson qui ne connaît pas la prairie.. Il y avait un Indien sur chaque cheval; mais, caché derrière sa monture, chaque scélérat se tenait suspendu à la selle par un pied ; ils ont emporté la jeune fille à deux, la tenant suspendue entre les chevaux. C'est une vieille ruse qui ne me trompe pas, moi. Mais par où ont-ils passé ces loups endiablés avides de chair fraîche ? — Ils se dirigeaient vers l'ouest ? Alors ils ont traversé la passe du Sud. Je me creuse la tête pour deviner le motif qui les a poussés à enlever un aussi médiocre gibier qu'une fille.

Personne ne trouva de réponse. Après quelques secondes de réflexion, Lemoine se pencha vers son oreille et murmura ces seuls mots :

— Les Mormons.

— Tout juste ! l'ami, tout juste, mille chevrotines ! étranger, vous avez passé par le chemin des Laramis ?

— Oui, nous y sommes restés plusieurs jours.

— Il y avait là des *sectateurs* du *saint prophète*, comme ils appellent leur infernal coquin de chef ?

— Oui, un grand nombre. Nous les y avons laissés.

— Et ils ont vu votre fille ?

— Tous les jours. Plusieurs d'entre eux nous ont rendu visite : il y en avait un, surtout, qui paraissait fort empressé de causer avec nous.

— Quelle espèce d'homme était-ce ?

— Gros et grand ; ayant une bonne figure et un certain air gentleman.

— Cheveux noirs et luisants, doux comme la soie ; une cicatrice à la joue ?

— Précisément ; je m'en souviens très-bien.

— Je le connais, étranger.

— Vous ?... cela n'est pas impossible.

— Je veux que ma carabine se change en quenouille si jamais un plus satané gredin a déshonoré le nom d'homme. C'est le vice incarné ; c'est le plus vil et audacieux coquin qui existe... Si vous voulez retrouver votre fille, allez la chercher dans le nid de ce serpent ; à la cité du lac Salé.

— Dieu l'en préserve ! la mort serait un bonheur...

— Je dis comme vous, étranger. Et si vous saviez tout ce que je sais..., le sang jaillirait de votre cœur.

— Oh ! Waltermyer ! que faire pour la sauver ? Elle est mon seul enfant, mon unique bien.... Venez en aide à un pauvre père. Aidez-moi, Waltermyer ! sauvons-la et tout ce que je possède est à vous.

L'honnête trappeur étendit sa large main bronzée.

— J'irai avec vous, étranger. Voilà ma main, la main d'un homme loyal et qui n'a pas peur : quant à l'argent ce n'est pas la peine d'en parler ; je n'ai jamais fait payer une bonne action. Kirk Waltermyer n'est pas un Indien mendiant ou un marchand de chair humaine. Quand le moment sera venu, je n'accepterai qu'une seule récompense, pauvre vieux père.... une cordiale poignée de main.

2.

— Que Dieu vous bénisse, brave cœur ! mais hâtons-nous ! cette angoisse est au-dessus de mes forces.

— Nous allons partir, à moins que vous n'ayez quelque meilleur avis. Mais non ! ici disparaît l'orgueil de la civilisation : vous autres, hommes des villes, cramponnés à vos prisons de pierre, acharnés et habiles à une seule chose — vous vendre et vous acheter comme des chevaux, — vous n'entendez rien à la vie du désert, vos cœurs ne sont pas simples et droits... Mais ne perdons pas notre temps en paroles. Que six de vos meilleurs cavaliers montent vos plus rapides chevaux, et me suivent bien armés. Vous, Lemoine, restez avec le convoi et conduisez-le jusqu'au Fort Bridger ; vous attendrez là de mes nouvelles, d'une heure à l'autre il pourra vous en arriver. Courage ! vieux père ! Waltermyer vous fera revoir votre fille, ou bien il ne restera plus dans le lac Salé assez d'eau pour noyer Brigham Young.

Aussitôt, sans dire un mot de plus, le chasseur harnacha son cheval et se mit en selle avec toute la grâce et la légèreté d'un Arapahoë, — ces centaures du désert.

Puis on se mit en campagne, et l'on marcha longtemps en silence, chacun rêvant à cette étrange et malheureuse aventure.

CHAPITRE III

L'APOTRE

Les disciples de Joseph Smith, — qui s'intitulait le martyr du fanatisme, — après avoir vu la ruine de leur établissement dans l'Illinois, se dirigeaient, comme jadis le peuple israélite, à travers la solitude, vers le lac Salé.

Pendant la nuit qui a marqué le début de notre récit, ils avaient établi leurs tentes sur les rives gazonnées de la rivière Swec-Water (deau douce).

Avant d'arriver à Indépendance-Rock — montagne taillée à pic, carrée et crénelée comme un vieux château fort, — ils avaient à franchir la « Porte du Diable » ; ce nom était singulièrement choisi, la *passe* (passage) qu'il désignait menait à la Vallée des Saints. Celui qui avait ainsi dénommé ces lieux avait-il été animé d'un instinct prophétique ? Avait-il prévu l'arrivée des visionnaires dont nous parlons ?...

Il y avait quelque chose d'attrayant et de patriarcal dans l'aspect de cette foule qui marchait au hasard, à la suite du maître, et plantait naïvement ses tentes dans le désert, sans un regret pour le passé, sans une crainte pour l'avenir. Le soleil dorait de ses derniers rayons les toits flottants des cabanes improvisées : chacun s'agitait pour terminer les préparatifs du campement nocturne ; les jeunes filles chantaient en trayant les vaches ; les petits enfants babillaient ; la jeunesse alerte échangeait de joyeux éclats de rire. Pendant ce temps les mères de famille préparaient les lits, les mets pour le repas du soir ; les hommes allumaient de grands feux avec des broussailles butinées çà et là. D'autres rangeaient en cercle les lourds wagons destinés à servir de remparts soit contre l'assaut des malfaiteurs indiens, soit contre l'assaut des tempêtes.

L'air était doux, les nuages gris et roses couraient dans le ciel, se confondant, au bout de l'horizon, avec les vapeurs du soir qui s'exhalaient du sol humide et se condensaient en brume violacée.

Et au milieu de cette splendide nature qui, partout proclamant le divin Créateur, faisait monter vers lui la sublime harmonie de ses voix innombrables,...au sein du désert où la main seule de Dieu soutenait tant de frêles existences, il y avait un peuple qui s'épuisait à se fabriquer un veau d'or, pour n'adorer que lui !

Il faut le dire, parmi cette multitude errante il y avait plus d'aveugles que de clairvoyants, plus de sots que de méchants, plus de trompés que de trompeurs. Un seul homme avait été, pour tous ces esprits simples et crédules, le démon tentateur, le serpent fallacieux qui les avait entraînés. Il avait séduit la foule ignorante par des promesses magiques, par des tableaux séduisants; il lui avait promis un nouvel Éden. Pour toutes ses dupes il était le PROPHÈTE : quand il avait parlé tout était dit.

Au fond, ce n'était qu'un intrigant habile, un scélérat de génie, possédant à fond l'art d'exploiter les masses populaires ; se servant de tout pour arriver à ses fins, et sachant parfaitement s'enrichir des dépouilles de *son peuple*.

Il avait, comme on dit au théâtre, le physique de son emploi ; une figure régulière et expressive, des traits fins, la parole insinuante, une éloquence superficielle mais entraînante, un orgueil et un égoïsme infinis, une persévérance et une audace infernales, doublées d'une hypocrisie plus infernale encore.

C'était l'ange du mal avec ses beautés et ses scélératesses.

Quand les dernières lueurs des foyers devinrent chancelantes, quand l'heure du sommeil approcha, le PROPHÈTE entonna d'une voix vibrante le cantique du soir ; la tribu tout entière lui répondit aussitôt, et pendant plusieurs minutes, les roches sonores du voisinage répétèrent cette grave harmonie, nouvelle sans doute pour le désert.

Puis les feux s'éteignirent, la foule s'endormit, tout devint muet et immobile dans le camp :

quelques sentinelles, debout aux extrémités de l'enceinte, se détachaient en noir sur le fond gris et vague de l'horizon.

Mais Thomas Elein — c'était le nom vulgaire du PROPHÈTE — ne se sentait aucune propension au sommeil : il avait soigneusement fait installer sa tente, à l'écart, sur le bord du camp, de façon à pouvoir sortir de l'enceinte sans être observé.

Il se tint debout quelques instants sur sa porte dans une attitude mystérieuse et réfléchie. Ses *fidèles* se seraient étrangement trompés s'ils eussent pensé qu'il roulait en son âme de pieuses aspirations, ou des projets mystiques. Il songeait à ses affaires, rien de plus.

— Oui, murmurait-il entre ses lèvres pincées ; oui ! mon plan réussira comme un charme. Je n'ai jamais plié devant aucun être humain ; mon sort va se décider. — Ah ! qu'est-ce que j'entends ?— mais non, ce ne peut être encore le bruit, le signal désiré par mes oreilles : c'est le refrain monotone à l'aide duquel la sentinelle charme ses longues heures de veille. Voici minuit, tous ces imbéciles qui me croient sur parole dorment à poings fermés et rêvent sans doute à la vallée brillante dont je leur ai si souvent parlé. Que vais-je en faire maintenant? oh ! je leur trouverai bien quelque nouvelle fable : et ils me croiront encore !... et ils me confieront toujours leur fortune !...Certes, je serais bien sot de ne pas précieusement entretenir cette poule aux œufs d'or.

Sur ce propos, notre homme passa à sa ceinture une paire de pistolets et un couteau de chasse, puis il s'éloigna de sa tente avec des précautions de chat. Circulant adroitement derrière les wagons, il parvint à gagner le bois sans être aperçu.

— Ces sentinelles sont de vraies momies ; je leur administrerai demain matin une leçon dont elles se souviendront ; pour ce soir je ne m'en plains pas...

Le contact soudain d'une main sur son épaule interrompit son monologue ; une voix sourde murmura à son oreille :

— Le chef pâle n'observe pas bien les étoiles.

— Ah! c'est vous, Aigle-Noir ?

— L'homme rouge a attendu : lorsque la lune se levait derrière les arbres, il était là ; voici longtemps qu'il s'ennuie, appuyé contre un arbre.

— Oui, je reconnais que je suis un peu en retard ; mais maintenant que me voilà, dites-moi si vous avez réussi ?

— La Face-Pâle a-t-elle oublié ses promesses?

— Non, l'or est prêt; vous serez payé en temps utile. Voyons, racontez-moi votre affaire.

— Celui qui veut saisir sa proie doit la guetter d'abord. Lorsque les faons s'éloignent de leur gîte, les loups sont bientôt sur leur piste.

— Oui, oui ; dispensez-vous de me parler en paraboles.

— L'œil d'Aigle-Noir est aigu, son bras est fort, son cheval rapide.

— Que le ciel vous confonde avec vos circonlocutions indiennes ! Parlez-moi de la fille, homme rouge ! L'avez-vous ?

— Elle est ici, pleurant et redemandant le wigwam de sa tribu.

— Vous l'avez donc enlevée ?

— Comme l'aigle des montagnes emporte la colombe de la vallée.

— Alors, vous l'avez amenée ici ? Ici même ! Où est-elle ?

— La squaw pâle ne peut pas monter à cheval comme les enfants de la prairie ; elle est faible comme un agneau de deux jours, son cœur bat comme celui de l'oiseau fasciné par un serpent.

— Qu'est-ce que cela signifie ? dit impérieusement Thomas Elein en fronçant le sourcil ; pourquoi ne pas l'avoir attachée sur un cheval et amenée ici, à tout hasard ? Mon peuple en aurait pris soin comme....

— Comme le loup prend soin de l'agneau !

Malgré l'audace et le cynisme dont il était cuirassé, Thomas baissa les yeux sous le regard étincelant que lui lança le chef sauvage.

— Peuh ! ça arrive quelquefois, répondit-il en déguisant son embarras sous un déplaisant sourire : enfin, où est cette fille ?

— Dans le camp des Sioux.

— Il faut que je la voie sur-le-champ !

— Le chef pâle est peut-être comme un enfant?..

ou comme une femme qui oublie ses pensées du soir au lendemain ?... ou comme un serpent qui se donne lui-même la mort ?...

— Non, non ! j'ai changé de plan pour le moment. Vous dites qu'elle est en sûreté ?

— Comme un lièvre au gîte.....

— ... Ou plutôt... entre les griffes acérées d'un piége. Et son père est-il sur la piste ? Sait-il qui l'a enlevée ?

— L'homme rouge marche dans l'eau ; le courant emporte sa trace.

— Faites-y bien attention, gardez-la comme la prunelle de vos yeux, car elle est pour mon cœur la rose de Saaron et le lys de la vallée.

Le dépit de la passion irritée lui faisait oublier sa vieille hypocrisie, le Prophète laissait percer l'homme grossier et brutal.

— La tente de l'homme rouge est un asile aussi sûr que celle d'une Face-Pâle.

— Bien ! vous savez notre plan. Dans le défilé le plus sauvage du canon (passage), aux Portes du Diable, je fondrai sur vous et la délivrerai ; elle sera reconnaissante car son cœur est sensible et aimant, et.... le tour sera joué ! Soyez bien exactement à votre poste.

A ces mots il tourna le dos à son compagnon : à peine avait-il fait deux pas qu'il revint à lui pour faire une dernière recommandation, mais le sauvage avait déjà disparu comme une ombre.

Thomas revint au camp, l'esprit agité de mille pensées. Il n'avait guère confiance dans la fidélité d'Aigle-Noir : fourbe et imposteur lui-même, il le jugeait d'après lui. Cette méfiance, assez fondée, le rendait inquiet au delà de toute expression.

Néanmoins il se faufila sans accident au travers des wagons, regagna sa tente et ne tarda pas à s'y endormir du sommeil du juste. A le voir on aurait dit un prédestiné bercé par les anges, rêvant au septième ciel ; l'hypocrite jouait la comédie jusque dans son sommeil.

L'Indien, après avoir mis en sûreté l'or de son infâme patron, se dirigea cauteleusement vers la rivière, plongea dans le courant, et après l'avoir suivi jusqu'au pied d'une roche sombre qui surplombait sur l'eau, il gagna la rive, secoua ses vêtements mouillés, et s'enfonça dans le fourré.

Poussé par ses instincts sauvages, il avait combiné ses plans et en préparait l'exécution à sa manière. Gagner la récompense promise et accomplir ses projets, tel était son double but. Thomas n'avait pas tort de mettre en doute sa bonne foi.

Une heure plus tard, au moment où naissaient les premières lueurs de l'aurore, Aigle-Noir sortait de la forêt et revenait au camp indien.

CHAPITRE IV

CHARLES ET HÉLÈNE

L'Amérique s'est transformée avec une telle rapidité, qu'on trouve aujourd'hui des palais et des villes dans les lieux où l'on ne voyait, il y a cinquante ans, que des cabanes sauvages. Les forêts vierges ont disparu, leurs hôtes timides ont fui, les sentiers mystérieux n'ont plus d'ombre; on voit à leur place des villas luxueuses, des jardins, des serres, des volières, des oiseaux apprivoisés, des singes savants ; le rail-way a tué le sentier ; des domestiques en livrée prennent le thé en disant des insolences sur leurs maîtres, là où la squaw indienne était l'esclave du guerrier son seigneur et tyran.

Dans une de ces somptueuses demeures, vivait la famille Saint-Clair, une des plus riches qui habitassent les environs de Saint-Louis.

Un jeune homme de vingt-quatre ans, seul héritier de ce nom, Charles Saint-Clair, demeurant avec sa mère, était possesseur de ce beau domaine. Ses goûts aristocratiques étaient dignes de sa grande fortune : chaque année il dépensait des sommes considérables à l'agrandissement de ses propriétés.

Son grand-père Marius Saint-Clair, Français d'origine, avait fait partie de la grande compagnie de la Baie d'Hudson formée pour le commerce des fourrures ; il y avait réalisé des bénéfices énormes. Ainsi que la plupart de ses associés il avait épousé une fille des Dacotahs, tribu considérable qui s'intitulait *Ochente Shacoan* (nation du conseil aux sept feux), et que les trafiquants désignaient sous le nom de Sioux.

Marius Saint-Clair, une fois riche, décida sa femme à abandonner les forêts, et vint à Saint-Louis pour y faire donner à son fils unique une éducation soignée.

Peu de temps après ce retour à la vie civilisée, le père et la mère moururent. L'orphelin resta encore deux ans au collége : à peine en fut-il sorti qu'il rencontra dans le monde une charmante jeune Française, fille d'un noble émigré, dont les grâces ingénues étaient accompagnées de vertus solides.

Georges Saint-Clair devint éperdûment amoureux d'elle, et, quoiqu'elle fût presque sans fortune, il l'épousa. Cette union, amenée par des circonstances tout à fait fortuites, fut plus heureuse que ne le sont d'ordinaire les mariages d'inclination : les deux jeunes époux se créèrent un vrai paradis terrestre, où bientôt la naissance d'un petit ange vint compléter leur honneur.

Quelques années s'écoulèrent ainsi, rapides comme le sont les années heureuses : tout souriait au couple fortuné, la vie n'avait pour eux que des roses, le ciel et la terre que des sourires.

Une nuit, l'ange noir de la mort s'abattit sur cette maison fortunée : en se réveillant, la jeune femme trouva son mari glacé à côté d'elle ; il avait été foudroyé par une congestion cérébrale.

Restée seule avec son petit Charles, madame Saint-Claire se résigna noblement au veuvage, quoique jeune, jolie, et adorée de tout ce qui l'entourait. Tout en continuant les traditions hospitalières et somptueuses de sa maison, elle sut éviter les écueils redoutables à sa position, et garder intact le patrimoine d'honneur qu'elle réservait à son fils.

Après avoir été un gracieux baby, Charles devint un beau jeune homme, plein de grâce et de distinction. Dans son teint chaud et coloré, sa chevelure noire et soyeuse, ses yeux d'aigle, sa démarche souple et fière, on retrouvait un reflet charmant de son origine indienne : dans sa voix douce et vibrante, dans ses mains et ses pieds finement aristocratiques, dans son esprit fin et intelligent, on reconnaissait sa filiation française.

Il était d'ailleurs parfaitement élevé, gentleman dans toute l'acception du mot : hardi cavalier, beau danseur, adroit à tous les exercices du corps, il possédait en outre une instruction aussi solide que variée.

Il avait une délicatesse de sentiments, très-rare chez les jeunes gens de son âge, surtout en la délicate matière d'amour. Pour lui, cette passion était une chose sacrée et sérieuse ; les femmes, à ses yeux, étaient des anges ; une promesse d'amour lui semblait plus inviolable qu'un serment.

Charles Saint-Clair était amoureux ; mieux que cela, il était fiancé.

Un soir, sa mère qui l'attendait sur son balcon tout enguirlandé de fleurs, le vit arriver de la ville au grand galop. Au pied du perron, il sauta impatiemment à terre, laissa tomber la bride de son cheval aux mains du domestique qui l'attendait, et monta l'escalier sans avoir dit un mot.

En entendant ses pieds frapper, sur leur passage, les moëlleux tapis, sa mère reconnut bien vite qu'il était fortement ému.

Quand il ouvrit la porte du salon, madame Saint-Clair était assise près de la fenêtre sur un petit canapé en velours cramoisi : le jeune homme s'arrêta un moment pour adresser un sourire à sa mère, — un rayon de soleil entre deux nuages.

Plus d'un peintre aurait ambitionné de reproduire ce charmant tableau d'intérieur ; la belle patricienne, toujours jeune et belle, demi-noyée dans les fleurs et la verdure, disputant sans peine le prix de la grâce et de la beauté à deux exquises statues antiques placées sur le balcon derrière elle ; l'appartement riche en couleurs, doré par les plus chauds reflets du soleil couchant ; et debout, au milieu de cette auréole lumineuse, le jeune homme redressant fièrement sa tête expressive, sa taille souple et élégante.

Après avoir réfléchi quelques instants, Charles ne trouva rien de mieux que ce mot, toujours le premier quand le cœur parle :

— Mère !

Elle tressaillit, laissa tomber son livre et appuya une main sur son cœur.

— Qu'y a-t-il, mon enfant ?

— Pouvez-vous m'entendre ? Ne vous ai-je pas dérangée ?

— Nullement ! j'étais plongée dans la lecture... un peu dans les nuages... je vous remercie de me ramener à la réalité.

Le jeune homme ramassa le volume, et, sans y penser, regarda le titre : c'était un ouvrage médical traitant des maladies de cœur.

— Mon Dieu ! ma mère ! que lisez-vous là ?

— Oh ! rien, je ne sais... cela m'est tombé sous la main. Mais qu'avez-vous, Charles, vos yeux sont animés !

— Vous trouvez, mère ? il y a de quoi... je viens vous annoncer que je ne me marierai jamais avec Hélène Worthington.

— Enfant ! encore quelque querelle d'amour ?

— Non ! non ! ce n'est pas ce que vous pensez, Hélène n'a pas de cœur, je ne veux plus penser à elle.

— Hélène, sans cœur ! cher enfant, vous la traitez bien sévèrement, il me semble.

— Je la traite comme elle le mérite, mère. Nos mutuels engagements sont pour elle comme une toile d'araignée qu'elle balaie d'un revers de main. Il n'y a pas une heure que je l'ai vue dans la plus populeuse rue de Saint-Louis, suspendue au bras de ce misérable avorton, le jeune Houston.

— Oh! ce n'est pas possible! elle n'est pas capable d'une telle inconvenance.

— Il y a mieux encore! elle se balançait amoureusement à son bras, vous dis-je, en chuchotant.
— Oui mère, — en chuchotant intimement à son oreille.

Madame Saint-Clair parut surprise : mais elle était trop sage et trop réservée pour s'abandonner à une impression prématurée. Après un moment de réflexion, elle dit à son fils avec une grande douceur :

— Hélène est peut-être étourdie, mon fils : mais c'est une imperfection de jeunesse, elle n'a que seize ans. Je suis convaincue qu'elle vous aime.

— Elle aime la fortune et la position que nous pouvons lui donner.

— Je vous trouve sévère, Charles.

— Moi, sévère? une femme ne doit pas se jouer de l'amour d'un homme.

— C'est vrai, cher ; mais l'étourderie...

— Que répondrez-vous si je vous apprends que, plusieurs fois déjà, je lui ai fait des observations à ce sujet.

— Peut-être n'y avez-vous pas mis assez de ménagements: on est quelquefois impérieux sans s'en apercevoir.

— Vous êtes bonne, trop bonne, ma mère. Ce que vous me dites là me consolerait si je n'avais pas la certitude qu'Hélène cherche, de parti pris, à me décourager..., si je n'avais pas vu clairement qu'elle se jette au bras de cet individu pour m'éloigner.

— En est-il bien réellement ainsi, Charles ?

— Je ne me permettrais pas d'altérer la vérité.

« Miss Worthington, » annonça un valet de chambre.

Dans l'ardeur de la conversation, la mère ni le fils n'avaient entendu approcher le domestique; tous deux tressaillirent lorsqu'il annonça précisément la personne dont ils parlaient.

— Faites entrer, dit madame Saint-Clair en se redressant, et appuyant de nouveau la main sur son côté.

Le valet de chambre se retira; aussitôt on entendit une petite voix douce accompagnée du froufrou de la mousseline, qui s'écriait de l'escalier :

— Où êtes-vous, ma belle maman, est-ce là ? Oh ! Charles, je n'espérais pas vous trouver ici, ajouta une belle jeune fille aux cheveux d'or en tournant vers lui ses yeux bleu-sombre ; attendez un moment, que j'embrasse votre mère.

Elle se jeta folâtrement à genoux devant madame Saint-Clair, la prit dans ses bras, et présenta ses lèvres roses pour recevoir un baiser que lui donna gravement son amie.

— Et maintenant... continua-t-elle en se relevant et tendant à Charles sa petite main dégantée, toute tiède de sa prison parfumée... ; comment, vous ne me touchez pas la main ?

Et elle la releva pour lisser les nattes de sa coiffure :

— .... Elle n'est pas un papillon pour se poser deux fois au même endroit ; n'y pensons plus.

Puis, avec un insouciant mouvement de tête, elle tira vers elle un coussin et s'assit aux pieds de madame Saint-Clair.

— Oh ! ma douce maman aux yeux noirs,

combien le temps me durait de vous voir ! murmura-t-elle d'une voix caressante.

— J'y suis toujours pour vous, Hélène; répondit froidement madame Saint-Clair.

— Mais j'ai eu tant à faire! Charles, vous avez l'air fâché? que signifie tout ceci?

Elle lui tendit de nouveau la main en lui adressant un adorable regard dont l'inquiétude se déguisait mal sous ses longs cils. Peu d'hommes auraient pu tenir rigueur à cette aimable et gracieuse enfant.

Farouche et obstiné comme un amoureux, Charles ne répondit pas.

— Soyez gentil, Charles. Je songe maintenant que je ne vous avais pas vu depuis trois grands jours. Comment pouvez-vous me traiter ainsi? insista-t-elle quelque peu émue de cette froideur persistante.

— J'ai passé fort près de vous dans la rue, il n'y a pas une heure, répondit Charles gravement.

La jeune fille rougit.

— Vraiment? je ne vous ai pas vu.

— C'est exact ; vous étiez trop occupée.

— Où étais-je ?... oh ! cher, oui, je m'en souviens ; je causais avec M. Houston ; il me parlait de...

En rencontrant les grands yeux noirs de Charles qui semblaient la sonder jusqu'au fond de l'âme, elle s'arrêta et une vive rougeur couvrit son visage, de la racine des cheveux jusqu'à ses blanches épaules.

— Hélène, comment pouvez-vous fréquenter un aussi méchant homme ?

Le ton sérieux avec lequel Charles fit cette question annonçait clairement qu'il n'entendait pas raillerie sur ce point : mais Hélène, au lieu de la vraie sagesse, écoutait plutôt ses instincts de coquetterie et de malice.

— Un méchant homme ? parmi toutes mes connaissances, vous êtes le seul qui ne rendiez pas justice à ce gentleman.

— Vous ne pouvez juger un semblable personnage. Une jeune fille telle que vous ne peut comprendre cela.

— Mais il est reçu partout.

— Excepté chez moi ; et j'ai de bonnes raisons pour cela.

— Charles, je vois ce que c'est : vous êtes jaloux.

Sur ce propos, l'étourdie frappa l'une contre l'autre ses mains comme un enfant, et avec un éclat de rire cacha sa tête dans le sein de madame Saint-Clair.

— Non, Hélène, répondit le jeune homme, je ne suis point jaloux ; ce ne serait pas le sentiment d'un homme honorable.

— Alors, soyez donc généreux, laissez ce pauvre garçon pour ce qu'il vaut.

— Hélène, écoutez-moi.

— Je vous écoute, mais soyez bref : je crains singulièrement les gronderies.

— C'est une question sérieuse entre nous, et qui peut mener jusqu'à une rupture.

La jeune fille devint pourpre d'émotion, elle se leva les yeux étincelants.

— Eh bien ! sir, que désirez-vous de moi ?

— Je vous prie de n'avoir plus aucune espèce de rapports avec le jeune Houston.

— En vérité !

La voix d'Hélène prenait une intonation railleuse, mal déguisée.

— Je désire que vous ne lui parliez plus, que vous ne vous promeniez plus avec lui.

— ... Et que je me fasse ermite ou religieuse ! lequel préférez-vous ?

— Ni l'un ni l'autre. Vous savez que j'aime la société, et je me plais à vous dire que vous en êtes le plus gracieux ornement. Consentez donc librement, franchement à ce que je vous demande, et tout sera dit. Vous voyez ces salons ; que de fois vous y êtes-vous rencontrée avec l'élite de la *gentry*. Une fois marié, mes goûts ne changeront pas. Mais je ne voudrais pas qu'un homme dont j'ai mauvaise opinion devînt le familier de ma femme et mon hôte malgré moi : ceci, je vous l'affirme.

— Vraiment ! vous commencez un peu vite à exercer votre censure sur moi et sur mes amis ?

Il y eut dans la voix d'Hélène quelque chose qui choqua le jeune homme.

— La femme que j'épouse ne doit pas même

être soupçonnée d'avoir besoin d'un conseur, répondit-il sèchement.

— Soupçonnée ! sir ! soupçonnée !

— Comprenez-moi bien. Dieu me préserve de vous inculper en rien. Je suis sûr, au contraire, que c'est votre innocente candeur qui vous fait effleurer l'ombre du mal.

— Le mal ! ah sir !!

Elle se redressa sur ses petits pieds, et lui fit face comme une belle furie. La tempête de colère qui la bouleversait lui fit oublier toute retenue, toute dissimulation : en cet instant elle aurait mis en lambeaux l'œuvre de toute sa vie, tant elle était outrée des vérités sévères qu'elle entendait... vérités bien différentes des paroles mielleuses du perfide Houston.

— Vous vous méprenez sur mes paroles, dit Charles peiné et surpris ; permettez-moi donc de m'expliquer entièrement. Ce Houston ne saurait être un cavalier convenable pour aucune femme, encore moins pour celle qui doit devenir la maîtresse de céans. Vous êtes jeune, vous ignorez ce qu'on dit partout de cet homme ; s'il en était autrement, vous ne persisteriez pas dans cette imprudence qui détruira votre bonheur et le mien.

La jeune fille devenait pâle de colère comprimée, tout en continuant de sourire.

— Je vous prie, Charles, de réserver ces sermons jusqu'à ce que vous ayez le droit de me les imposer.

— Ce droit je ne l'aurai jamais, Hélène.

Charles prononça ces mots d'une voix triste mais ferme.

— Dois-je comprendre que nos engagements sont rompus ?

Les lèvres d'Hélène étaient blêmes et tremblantes ; Charles était très-pâle et glacé.

— J'aimerais mieux cela, dit-il, que de voir mon nom déshonoré. — Ma mère ! ma mère ! ne nous quittez pas !

Madame Saint-Clair paraissait bouleversée; un voile étrange obscurcissait ses yeux : cette scène l'accablait. Elle implora son fils du regard.

— Je reviendrai à l'instant même, dit-elle, l'air de cette pièce est étouffé. Ne soyez pas trop rude, mon enfant,... et vous, Hélène, rappelez-vous que je vous aimais bien.

La jeune fille se tourna vers elle d'un air agressif, ses lèvres pincées furent sur le point de lancer quelque réponse cruelle; mais elle se contint, et madame Saint-Clair sortit du salon.

Charles, ému des recommandations de sa mère, la suivit des yeux avec tendresse, puis, revenant doucement à sa fiancée :

— Hélène, chère Hélène, lui dit-il, je ne suis pas méchant. Vous savez combien je vous aimais : vos désirs auraient toujours été des ordres pour moi; mais je ne puis oublier le respect que je me dois à moi-même.

— Ni moi non plus.

— Hélène, je vous en conjure, écoutez-moi.

— Je vous écoute, sir.

Ses petits pieds trépignant sur le tapis, ses mains crispées, ses lèvres pincées et sa respiration entrecoupée témoignaient visiblement des dispositions dans lesquelles elle écoutait.

— Evitez cet homme, renvoyez-le hors de votre société, pour l'amour de moi, pour l'amour de ma noble mère, si délicate, si honorable, et qui mourrait si elle voyait passer sur notre maison seulement un souffle de honte.

— Très-bien, sir, je n'oublie point votre mère. Elle était présente à mes pensées avant que nous fussions fiancés.

— Très-bien !

— Non ! non pas « très-bien ! » de quoi m'accusez-vous ?

— Mais, je ne vous accuse pas, je vous demande une grâce. Rompez d'aussi dangereuses relations.

— Et si je ne donnais pas satisfaction à votre jalouse prétention ?

Il resta quelques secondes en silence, la regardant affectueusement avec ses grands yeux de velours sombre qui auraient été jusqu'à l'âme de toute autre femme. Enfin il répondit d'une voix brisée :

— Nous nous dirions adieu, Hélène.

— Eh ! bien soit ! fit-elle, la rage dans le cœur et perdant toute retenue.

— Hélène, je vous supplie, soyez bonne pour

ma mère ; elle vous aime comme une fille. Voyez, la voici qui revient.

— Votre mère ! s'écria en ricanant la jolie mégère, qu'est-ce qu'elle est auprès d'Hélène Worthington...? la mère d'un *sang-mêlé!* d'un *Indien!!!*

Madame Saint-Clair entendit cette amère parole ; elle s'arrêta sur le seuil et d'une main se retint à la porte comme si elle eût chancelé, frappée au cœur.

La jeune fille se tourna vers elle et lui fit face insolemment. Mais à l'aspect de ce visage plus pâle que celui d'une morte, elle sentit sa fureur réduite au silence, et descendant vivement l'escalier, elle quitta la maison en courant, éperdue, irritée contre elle-même et contre tout le monde.

Madame Saint-Clair était restée immobile, pouvant à peine se soutenir ; Charles la vit chanceler, et courut à elle en s'écriant :

— Mère ! chère mère !!

Elle s'affaissa sur le tapis, au moment où son fils la retenait entre ses bras, et reposait sa tête vacillante sur sa poitrine.

— Ma mère!

Cet appel filial ne reçut pas de réponse : les yeux de la pauvre femme restaient fermés, une teinte bleuâtre noircit ses lèvres. Pendant la scène qui venait d'avoir lieu, elle avait senti son cœur gémir dans sa poitrine : à la dernière insulte que la jeune insensée lui avait jetée à la face, son cœur s'était brisé en une palpitation cruelle et suprême : madame Saint-Clair était morte.

Un long et sauvage délire s'empara du jeune homme, à la suite de cette affreuse catastrophe. Pendant plusieurs mois il fut entre la vie et la mort. Mais à l'âge où il était, la vie a de si profondes et si vivaces racines ! Charles Saint-Clair revint peu à peu des portes du tombeau ; sa santé se raffermit, son esprit retrouva son énergie première. Aux grâces juvéniles, à la fleur de l'adolescence succédèrent la mâle beauté que donne la douleur et la maturité précoce qui transforme l'enfant en homme.

Rentré, à la longue, en possession de cette sérénité triste, douce, qui est la convalescence des grands chagrins, Charles Saint-Clair trouva bien indigne de lui ce monde civilisé qui n'avait su lui fournir que traîtrise et déception. La maison maternelle, vide et solitaire, était pour lui un lieu sombre et désolé; l'aspect de tous ceux qui formaient jadis sa société lui était insupportable.

Un jour, on vit Charles Saint-Clair revêtu du costume du désert, la carabine de son aïeul sur l'épaule, quitter les terres civilisées et marcher vers le *lointain Ouest*.

Le sang indien s'était réveillé dans ses veines, Charles allait s'asseoir aux wigwams des Dacotahs ses ancêtres.

CHAPITRE V

LA PRISONNIÈRE DES DACOTAHS

Les Dacotahs avaient établi leur camp sur la rive gazonnée d'un affluent de la Plate. Ils avaient adroitement profité de tous les accidents de terrain pour établir leurs wigwams ; chaque bosquet avait été mis à contribution pour abriter une tente ou faciliter l'installation des ustensiles de ménage.

Les feux du matin commençaient à s'allumer, les femmes s'occupaient de préparer la nourriture, pendant que les guerriers peints de couleurs éclatantes fumaient en silence dans une attitude contemplative.

Les enfants, demi-nus, se roulaient sur le gazon, ou bien sautaient dans l'eau comme de petits phoques dans des accès de gaieté sauvage.

Autour du camp, des chiens maigres et affamés rongeaient les os abandonnés et volaient ce qu'ils pouvaient, poussant des glapissements aigus lorsqu'une correction inattendue venait punir leurs méfaits.

Dans une enceinte soigneusement gardée, les chevaux broutaient l'herbe verdoyante ou les feuilles naissantes.

Quelques sentinelles faisaient le guet, invisibles et silencieuses au pied d'un arbre noir dont les teintes sombres s'harmonisaient avec celles de leur corps bronzé.

On pouvait voir, çà et là, traversant les fourrés, des chasseurs qui rapportaient leur gibier, l'unique espoir des festins de la journée.

Les cabanes formaient un grand cercle au centre duquel s'élevait une tente plus élevée et plus ornée qui commandait non-seulement le camp mais les environs. Cette tente, décorée richement, était couverte de peaux de buffles peintes qui descendaient jusqu'à terre. Tout autour de cette tente régnaient l'ombre et le silence; aucun mouvement, aucun bruit n'annonçait qu'elle fût habitée ; aucune fumée n'en sortait ; nul enfant ne jouait autour ; nul sentier, même, ne se hasardait à y mener ; on aurait dit l'habitation de la mort.

L'Aigle-Noir, en revenant de son nocturne rendez-vous, ne rentra pas au camp avec sa pompe accoutumée ; il se glissa, au contraire, entre les tentes, comme s'il eût tenu à passer inaperçu.

Effectivement, inquiet sur l'issue de la négociation secrète qu'il venait de conclure, et où il devait jouer le rôle de traître, le chef dacotah cherchait à tenir cachées ses démarches nocturnes. En outre, il ne savait où mettre l'or qu'il avait reçu et qu'il ne voulait partager avec personne.

Son premier soin avait été de chercher quelque cachette impénétrable pour y déposer son trésor ; pour cela il avait pensé à l'enfoncer dans la fente d'un rocher surplombant la rivière dans le canon du Diable : le lieu ne lui avait pas paru assez sûr. Il avait ensuite songé à l'enfouir dans le lit de la rivière, mais craignant quelque accident imprévu, et ne pouvant se décider à se séparer de ses chères richesses, il les avait gardées sur lui, et venait, farouchement, les cacher dans sa tente.

Entrant donc chez lui avec toutes sortes de précautions sauvages, il s'assura hâtivement de n'être vu par personne, et creusa sous son lit un trou profond où il enfouit son sac de dollars. Cela fait, il effaça méticuleusement jusqu'au moindre vestige de sa cachette et sortit.

Sans parler à personne, il se dirigea vers la tente dont nous avons dépeint l'aspect morne et solitaire, souleva une des peaux qui cachait la porte et y entra brusquement.

Son arrivée fut saluée par un cri de terreur que poussa la malheureuse Esther Morse, prisonnière depuis la veille. Comme une gazelle surprise au gîte, elle s'élança jusqu'à l'extrémité la plus reculée du wigwam, et s'y tint blottie, toute tremblante, regardant le sauvage avec des yeux dilatés par la terreur.

L'Aigle-Noir jeta sur elle un regard de triomphe.

— La fille des Faces-Pâles a reçu le sourire du Manitou des songes ? Les flots d'un sommeil léger ont bercé ses oreilles ? demanda-t-il en donnant à sa voix basse et gutturale des intonations douces et caressantes.

— Pourquoi suis-je ici prisonnière ? dites-moi pourquoi l'on m'a si cruellement arrachée à mon père ? s'écria-t-elle avec exaltation. Avez-vous bien eu le cœur de reconnaître ainsi ses bontés..? Souvenez-vous de Laramie ! n'avons-nous pas été pour vous meilleurs que vos propres frères ?

— Face-Pâle, vos paroles charment les oreilles d'Aigle-Noir comme le chant d'un oiseau printanier, son cœur les boit avidement comme la terre altérée boit une pluie d'été. Parlez encore !

— Vous êtes un homme cruel et rusé, vous éludez ma question. Dites-moi, dites-moi, je vous en supplie, dans quel but j'ai été enlevée, emprisonnée...? Voulez-vous de l'or ? mon père, pour me revoir, en remplira vos mains.

— La poudre jaune du vieux chef des visages pâles sera tôt ou tard entassée dans les wigwams des Dacotahs.

— Que voulez-vous dire, homme des bois, si toutefois vous êtes une créature humaine ; quelle terrible signification ont vos paroles ?

— Les Dacotahs sont maîtres de la prairie ! Quand le mocassin de leur ennemi a laissé une trace dans leur sentier, les guerriers rouges prennent leur vol comme des oiseaux de proie. L'étranger leur a dérobé leurs terres, leurs chasses, leurs pêches ; le daim et le buffle ont fui bien loin, effrayés par le tonnerre et l'éclair de ses armes. L'homme rouge a faim, l'ennemi est dans l'abondance. L'homme rouge poursuit en vain les chevaux sauvages, l'ennemi en possède par troupeaux. Les enfants de l'homme rouge pleurent pour avoir du lait, ceux de l'ennemi en ont à répandre par terre.

— C'est pourquoi, après avoir bassement enlevé la fille, vous vous préparez à dépouiller le père ?

— Que la jeune femme au teint de neige veuille prêter l'oreille. Les paroles du guerrier seront courtes. Sa langue n'est pas babillarde comme celle des enfants, ou celle d'une vieille femme ayant compté cent hivers. — L'aigle des Dacotahs a aperçu une jeune colombe dans sa vallée, il a fondu sur elle, et l'a emportée au vol de ses fortes ailes, jusqu'à son nid : elle pleure maintenant et se couvre la figure de ses mains.

— Mais, pourquoi avez-vous agi ainsi, puisque ce n'est pas de l'or que vous voulez !

— Lorsqu'un doux regard du soleil pénètre dans le wigwam des Visages-pâles, cherchent-ils à le chasser ? Lorsqu'un sourire du ciel bleu passe au travers des nuages sombres, les Visages-pâles tendent-ils un voile pour ne pas l'apercevoir ? l'homme rouge n'est pas fou : il a des yeux et il sait voir.

— Pourquoi parlez-vous en énigmes? faites-vous donc comprendre si vous voulez que je réponde.

— La fille du chef aux longues carabines viendra habiter le wigwam d'Aigle-Noir. Depuis qu'il l'a vue son cœur est dégoûté des bruns visages de sa tribu. Quand il reviendra d'une longue piste, les pieds meurtris, les membres fatigués, la présence de la jeune femme au blanc visage réjouira le guerrier.

— Je ne vous comprends pas encore : vos paroles sont aussi mystérieuses que vos actions sont cruelles, répondit Esther dont le visage devint d'une pâleur mortelle.

— Aigle-Noir voudrait avoir pour femme une Face-pâle qui apprêtera ses repas, et lui tressera un manteau avec ses chevelures scalpées.

— Moi ! votre femme !!! Ciel miséricordieux ! vous n'y songez pas ?

— La langue de la fille pâle est douce; sa chevelure ressemble aux filaments soyeux du maïs brunis par la lune des feuilles tombantes. Elle est dans le droit chemin : sa maison sera celle de l'homme rouge : Aigle-Noir a dit.

— Jamais ! je mourrai plutôt !

— L'esprit aux ailes noires qui plane sur la rivière sombre ne vient pas toutes les fois qu'on l'appelle. Pendant bien des années encore, la femme d'Aigle-Noir promènera dans la prairie son léger mocassin.

— Votre femme ! c'est le Faucon-Blanc.

— Waupee sera la servante de la nouvelle femme. Elle est sortie du cœur du guerrier.

— Oh ! mon Dieu ! tous les maux plutôt qu'un tel sort ! juste ciel... suis-je donc réservée à cet affreux malheur ?

— La colombe frappe vainement sa poitrine aux barreaux de sa cage ; elle roucoule, et son chant sert de signal à son compagnon, alors son aile frémissante le ramène vers elle.

— Moi ! votre femme ! moi ! habiter votre wigwam !! écoutez-moi, monstre sauvage! plutôt que de subir de tels outrages, je me jetterai dans un précipice et mon corps se brisera en atômes sur les rochers : je me précipiterai dans la rivière... je me déchirerai de mes propres mains !!.. mon Dieu, mon Dieu! pardonnez-moi ces funestes paroles.

Sans daigner répondre à ces douloureuses exclamations qu'il n'avait pas même écoutées, l'Indien fit entendre un sifflement long et aigu. Sur le champ la malheureuse délaissée, Waupee entra tremblante, en proie à une mortelle terreur. Son maître lui donna, en langue indienne, des ordres qu'Esther ne pût comprendre. Sans avoir levé les yeux, Waupee disparut.

— Que la fille des hommes blancs se prépare, la médecine (corporation savante et religieuse) de la tribu dispose tout pour un mariage chez les Dacotahs. Les femmes amassent des fleurs, les guerriers prennent leurs plus beaux vêtements. L'heure approche : le wigwam des Sachems ouvrira sa porte à la nouvelle mariée.

— Oh ! méchant homme ! votre cœur ne connaît donc ni la pitié, ni la crainte ?

Un sifflement, — un signal apparemment — retentit au dehors : aussitôt l'indien parut troublé, et sans répondre, s'élança hors du wigwam. Au même instant une forme humaine entra par le côté opposé.

— Waupee ! s'écria Esther en se jetant à ses pieds ; sauvez-moi ! souvenez-vous de mon père !.. Pour l'amour du ciel, sauvez-moi !

La jeune indienne posa silencieusement son doigt sur la bouche, et embrassa la robe d'Esther. D'un mouvement rapide, elle tira de ses vêtements un couteau long et effilé qu'elle remit aux mains de la prisonnière, puis disparut soudainement.

— Ah! merci, Waupee! murmura Esther, le cœur gonflé; j'en ferai usage! merci!

En entendant des pas approcher, elle cacha promptement le couteau dans son sein, recula jusqu'au fond de la tente, et s'y tint immobile et froide, attendant le moment suprême.

C'était seulement une jeune fille Dacotah apportant de la nourriture. Dans son désespoir, Esther essaya de la questionner; mais l'enfant demeura immobile et muette devant elle, les yeux baissés vers la terre.

Elle déposa sur une natte, au milieu du Wigwam, du grain grossièrement apprêté dans un plat d'écorce de bouleau, et s'en alla sans avoir prononcé une parole. Tourmentée d'horribles craintes, Esther n'osa toucher à ce qu'on venait de lui apporter: elle tira son couteau et le serra dans sa main, toute prête à s'en servir pour se défendre, ou se tuer!

— Et pourquoi n'en ferais-je pas usage, de suite, avant que personne ne vienne? se demanda-t-elle avec un sombre désespoir ; quelques gouttes de mon sang jailliront et je serai sauvée!.. oh ! mais... que deviendra mon âme, en ces régions sombres et inconnues de la mort ? mon âme, que le Seigneur n'aura pas appelée à lui ?... Non, je ne commettrai pas un crime, même pour me soustraire à cette terrible situation; je remets entre vos mains, mon Dieu ! cette existence que vous m'ordonnez de conserver.

Le contact d'une main légère la fit tressaillir ; elle cacha son couteau ; Waupee était auprès d'elle.

— Que la fille des Faces-pâles se rassure. Aigle-Noir est à la poursuite des ennemis ; un grand tourbillon de poussière est apparu dans le lointain : les guerriers sont partis en armes. Mangez en paix; il ne reviendra qu'après le soleil couché.

Le courage revint un peu à la pauvre Esther, elle se jeta au cou de la jeune Indienne et la dévora de baisers en versant un torrent de larmes.

Une heure après, montée sur un cheval demi-privé, ayant deux guerriers rouges à ses côtés, elle galopait rapidement vers le cañon plein de rochers, connu sous le nom de passage du sud.

CHAPITRE VI

L'EAU!

Penché sur la longue crinière de son rapide cheval, Waltermyer dévorait l'espace, suivi du père désolé, et de quelques braves compagnons. Chacun courait en silence, sans respirer, l'œil au guet, l'oreille tendue. Toute la troupe savait qu'une minute perdue serait un malheur irréparable.

Mais on restait indécis sur la direction à prendre. Miles Morse qui suivait à grand'peine l'allure impétueuse du trappeur, lui fit part de ses incertitudes.

— Ah! je le sais bien, mon chemin, répondit-il brusquement en galopant toujours; comprenez-vous, je vois la piste dans l'air, dans les feuillages, dans les brins d'herbes ; c'est là ma vraie chasse, à moi ! elle vaut bien celle du daim ou de l'antilope ou du buffle : le bruit des quatre pieds de mon bon cheval sur la terre sonore, me réjouit comme le son du cor ou les aboiements d'une meute : je *sens* l'Indien partout où il a passé.

Et ils continuèrent encore pendant plusieurs minutes leur course effrénée. Arrivé au sommet d'une éminence d'où il pouvait découvrir la plaine environnante, Waltermyer arrêta tout à coup son cheval :

— Étranger, vous avez dit que la jeune fille est jolie ?

— Mieux que cela ! on la trouve belle.

— Oui ? et le Mormon-Thomas, l'a-t-il vue ?

— Oui ; je me rappelle ce nom.

— Ah ! c'est bien cela ! Kirk Waltermyer n'est pas un fou, mille carabines ! quand il voit une antilope errer dans la prairie, il sait de quels buissons vont sortir les coyotes (loups) pour se lancer à sa poursuite.

— Dites-moi ! nous perdons du temps.

— Il vaut mieux laisser respirer ici nos chevaux, que de les voir sans haleine lorsqu'il s'agira de faire une poursuite à fond de train. Vous disiez donc que la jeune fille était jolie ?...

La naïve insistance de Waltermyer sur cette question n'avait rien d'extraordinaire. Perdu dans les déserts et les solitudes sauvages, depuis son enfance, il avait vécu seul et sans autre passion que celle de la chasse : son long fusil, son couteau, son cheval, formaient toute sa famille : son cœur n'avait jamais battu qu'à l'aspect d'un troupeau de buffles arrivant à portée du fusil, ou du sauvage armé en guerre : l'air, le soleil, le ciel bleu, la solitude avaient été ses seules amours.

Il se souvenait parfois d'avoir vu, dans son enfance de belles femmes, de fraîches et de délicates jeunes filles ; mais tout cela était pour lui comme un rêve. Les femmes indiennes ou les *échappées* de la civilitation rôdant sur les frontières, ne l'avaient jamais préoccupé. Pour lui, une femme était comme un objet de luxe, spécial à la civilisation; ou une fleur rare, inaccessible aux mains rudes du vulgaire; ou bien encore un fragment d'étoile tombé sur la terre. — Tout trappeur est moitié poëte, moitié illuminé; la vie sauvage prédestine aux visions.

— Ah! oui! elle est jolie!... répéta Waltermyer après une pause. Bah! ce n'est pas un oiseau, elle n'a pu franchir au vol toute la prairie jusqu'au lac salé, sans laisser de traces. Certes, je donnerais bien cinquante chevrotines ou même cent têtes de bétail pour avoir été plus tôt sur sa piste. — C'est dommage que mon cheval n'avait pas son pareil, étranger, sans quoi nous serions aux portes du diable avant l'aurore de demain. Mais non, il n'y a pas moyen. — Je ne connais qu'un quadrupède, de ce côté de la rivière, qui puisse lutter avec le mien toute une journée. Un maître cheval! étranger. Il m'a sauvé la vie plus d'une fois lorsque les diables rouges étaient à mes trousses, vingt contre un au moins, avec leurs couteaux altérés de sang. Mais Kirk Waltermyer n'avait qu'à parler, lui et son cheval n'apparaissaient plus que comme une raie noire sillonnant la prairie. J'ai eu plus d'un cheval en ma vie, celui-là était le seul...

— Regardez ! qu'aperçoit-on là-bas ? interrompit le père impatient.

— Oui, je vois; répondit le trappeur en se haussant sur ses étriers.

— Qu'est-ce que c'est ? les Indiens peut-être ?

— Aussi sûr que vous êtes ici, mais ils ne viennent pas par ici; vos hommes sont-ils des braves, prêts à bien faire ?

— A force égale, ils ne craignent personne. Pourquoi cette question ?

— Parce que s'ils ne sont pas vraiment hardis, il ne restera pas de toute la troupe un sabot de cheval. Les démons rouges se doutent bien que nous cherchons la jeune fille ; ils nous tendront des embuscades.

— Alors, que faire ?

— Que faire... ? répondit d'une voix tonnante l'homme des frontières en se dressant sur sa selle. Vous pouvez tourner bride et mettre votre suite en sûreté, comme il vous plaira; Kirk Walfermyer ne laissera pas la piste de la jeune fille.

— Ni moi non plus, trappeur ! pour qui me prenez-vous ?

— Que vos hommes s'en aillent s'ils ont peur. Votre main, si elle est ferme ; votre œil, s'il est juste ; voilà tout ce que je demande : sinon, laissez-moi tout seul.

— Vous pensez que nous serions assez lâches pour vous abandonner à un tel péril !

— Péril... péril... ; je n'ai vécu que de cela depuis que je parcours le désert : étranger, je suis un homme grossier et qui ne connaît pas grand chose aux livres imprimés, mais je sais que je porte ma vie dans ma main ; je sais, aussi, que celui qui est tout-puissant songe au pauvre coureur de bois, autant qu'aux gens riches des villes.

— Certainement ! Dieu n'oublie aucun de ses enfants.

— Etranger, il ne faut pas perdre notre temps en paroles. Je vois là-bas tournoyer une fourmilière de peaux-rouges. Ils croient déjà tenir vos dépouilles ; mais si vos hommes valent seulement la moitié de ce que vaut mon ami Lemoine, nous culbuterons tous ces gredins-là qui se sauveront, hurlant comme des loups.

— Eh bien ! marchons. Troupeaux, wagons, fortune, tout cela n'est rien en comparaison de ma fille chérie.

— Vous avez bien raison : tous les troupeaux de la prairie ne valent pas une boucle de ses cheveux. — Voyez-vous, là-bas, ce grand arbre ?

— Oui ; il est bien loin.

— A quarante milles, vol d'abeille ; si nous n'y sommes pas avant que la lune se lève, nos chevaux sont perdus, et la jeune fille aussi.

— Marchons donc vite ! c'est une longue course; nos chevaux ne sont pas frais et voici bientôt midi.

— C'est vrai ; le soleil va tomber sur nous d'aplomb sans faire ombre. Si, au moins, vos chevaux étaient nés dans la prairie, ils supporteraient peut-être une journée de marche sans boire.

— Que voulez-vous dire ? Il n'y a donc pas d'eau.

— Pas une goutte d'ici à cet arbre !

—Ah ! peut-être pas un seul de nos chevaux ne traversera cette épreuve : c'est égal, en route !

— Vos hommes sont-ils prêts ? je donnerais un sac de chevrotines pour être là-bas. Ah ! ah ! c'est là que les carabines parleraient ! Chaque coup abattrait un diable rouge, pour peu que vos compagnons connaissent le maniement d'un fusil. — Mais... par le ciel ! Ils ont enlevé le bétail....? Non, c'est une nichée de ces reptiles qui fourmille là-bas au soleil, comme une bande de coyotes... — Oui, ils traversent la prairie, et s'en vont. Notre affaire devient bonne, étranger, quoiqu'il y ait encore bien à faire ; mais le ciel est avec les braves gens. — Ah ! plus d'un cheval sera abattu, plus d'une chevelure scalpée, par ces infernaux coquins, pour venger cette journée ; s'ils ont vu passer Lemoine, il peut être dangereux à Kirk Waltermyer de passer par là.

— Vous, et pourquoi ?

— Ils savent bien, les gueux, que c'est moi qui dérange leurs petites affaires, et comme le Français et moi, nous sommes toujours ensemble, ils chercheront à me jouer un mauvais tour.

Mais je m'en moque, la balle qui doit me trouer la poitrine n'est pas encore fondue. Et maintenant, étranger, partons si vous voulez tirer d'affaire notre petite troupe, d'abord, votre fille, ensuite.

Toute la bande se mit en route.

Les heures s'écoulèrent, brûlantes et pénibles : les hardis aventuriers, demi-perdus dans cet océan de hautes herbes, se serraient les uns contre les autres, et couraient silencieux mais intrépides, haletants mais infatigables, sans crainte, sans faiblesse, car le désir du succès les animait jusqu'au délire.

Bientôt Waltermyer s'aperçut qu'il avait pris sur ses compagnons une avance considérable : leurs chevaux épuisés ne pouvaient tenir pied au sien. Il s'arrêta au milieu d'une touffe immense d'herbes gigantesques, dont les tiges verdoyantes pouvaient procurer sinon de l'ombre, du moins un peu de fraîcheur aux malheureux quadrupèdes.

— Nous ne pourrons jamais soutenir ce train-là, cria Miles Morse arrivant à grand peine ; ça sera la mort des chevaux et des hommes. Nos montures ne seront pas capables de marcher ainsi pendant une demi-heure seulement; il nous faudra aller à pied bientôt.

En effet, les pauvres bêtes respiraient à peine, tremblaient de tous leurs membres, et ruisselaient de sueur.

— Je le sais, étranger, c'est pitié de surmener ces nobles animaux ; je n'en ai assurément pas l'habitude: mais quand il s'agit d'une existence, d'une précieuse existence humaine, il n'y a pas lieu de s'apitoyer sur un cheval. Nous avons encore vingt bons milles à faire avant d'arriver à cet arbre, si nous ne nous arrangeons pas de manière à les expédier, tout le monde mourra ici de soif, bêtes et gens.

— Ainsi, notre seule chance de salut, c'est de pousser en avant.

— C'est aussi le seul espoir de sauver votre fille: il nous faut donc marcher, marcher encore, comme les loups noirs des montagnes lorsqu'ils veulent forcer le buffle ou l'antilope.

Une singulière exaltation s'était emparée de Waltermyer ; l'idée de délivrer Esther, de l'arracher à un sort horrible, avait pris dans son esprit des proportions chevaleresque. Peut-être quelque souvenir lointain des fraîches amitiés de sa jeunesse s'était réveillé dans son cœur, et le faisait battre ; et, par-dessus tous les autres, un généreux sentiment d'humanité le poussait en avant, eût-il dû traverser le feu, et affronter mille morts pour accomplir ce devoir sacré. Oui, oui, murmura-t-il après une pause, laissons ces pauvres bêtes aller tout doucement. Vous ne pouvez rien demander de plus à des animaux qui ne sont pas nés dans la prairie. Si j'avais prévu cette affaire, il y a un mois, je vous aurais trouvé des chevaux qui n'auraient pas quitté le galop avant d'avoir mis le nez dans l'eau. Tout ceci n'est qu'un jeu pour le mien, pour les vôtres c'est la mort.

On se remit en marche, à petits pas: le hardi pionnier marchant en tête, et s'arrêtant de temps en temps pour ralentir sa noble et infatigable monture, qui rongeait son frein et ne demandait qu'à dévorer l'espace.

— Bien, bien ! murmurait-il, parlant à son

cheval comme s'ils eussent été seuls ; bien ! *Blozing-Stor* (étoile brillante) (nom motivé par une tache blanche unique, sur son front) ; nous ne nous serions jamais doutés, n'est-ce pas, qu'il nous faudrait un jour trottiner à travers la prairie comme à la suite d'un cortége funèbre. Ah ! toute bête n'est pas bonne pour le désert; il y a plus d'un de tes camarades dont les os blanchiront dans les herbes, après avoir nourri les vautours.

Insensiblement, et sans même s'en apercevoir, il laissa aller les rênes, peu à peu son cheval impatient activa son allure, et finit par prendre le galop. Le cavalier, rêveur, n'y prenait pas garde, et se laissait emporter avec cette rapidité qui lui était habituelle.

Au bout d'un certain temps, revenu de sa distraction, il tressaillit en se trouvant seul : retournant alors sur ses pas, il se rapprocha de ses compagnons, qui, échelonnés sur la triste et aride plaine, se traînaient lamentablement à sa suite.

Les chevaux, chancelant au travers des herbes, paraissaient noyés dans cet implacable océan de verdure. Les touffes jaunes de graminées s'enlaçaient autour de leurs jambes raidies, ou balayaient avec un bruissement sinistre leurs flancs tachetés d'écume; à leurs yeux agrandis par la souffrance, à leurs naseaux enflammés, à leur respiration haletante, on reconnaissait un abattement cruel ; LA SOIF, ce terrible fléau du désert, les dévorait.

Leurs cavaliers brûlés par un soleil de feu, asphyxiés par la poussière ardente, souffraient les mêmes tortures, et se redisaient sombrement les uns aux autres :

— L'eau ! où donc est l'eau ?

— Waltermyer ! trouverons-nous de l'eau ? demanda Miles Morse d'une voix de fantôme, pouvant à peine se frayer un passage à travers sa poitrine et ses lèvres desséchées.

— N'avez-vous pas votre flacon de chasse, homme ?

— Il y a longtemps qu'il est vide.

— Voici le mien.

— Merci ! mais les chevaux...? ne pourrions-nous pas essayer de fouiller la terre ?

— Fouiller ? homme ! vous creuseriez bien jusqu'à la Chine sans trouver de quoi mettre une goutte sur la langue d'un oiseau. Regardez ces buissons de sauges ; croyez-vous qu'ils sachent ce que c'est que la rosée ?

— Alors, il faut que les chevaux meurent !

— Eh non ; pas encore. Enlevez-leur les lourdes selles et les couvertures ; le contact de l'air les ranimera un peu. Enfin, pour aller au pire, nous les abandonnerons à eux-mêmes ; ils finiront par trouver de l'eau, car les bêtes ont un instinct qui ne les trompe jamais, et qui fait honte à l'esprit orgueilleux des hommes. Voyons, mes enfants ! enlevez les selles et poussez les chevaux devant vous.

On lui obéit ; et on essaya de se remettre en route ; mais au bout d'un mille, les hommes étaient épuisées : ils remontèrent sur leurs chevaux et les firent marcher de leur mieux. Les pauvres bêtes tombaient à tout instant et ne se relevaient qu'à grand'peine.

— De l'eau ! de l'eau donc ! grommelaient les hommes affolés par la soif.

Mais, pour toute réponse, ils entendaient le bruissement des herbes, et le bourdonnement des insectes qui s'abattaient sur eux en colonnes serrées... ou bien le silence murmurant du désert.

Bientôt le vertige s'empara de ces pauvres têtes brûlantes que torréfiait l'implacable soleil. Dans un lointain mirage, il leur semblait aussi voir des sources jaillissantes, des lacs, des jets d'eau ; il leur semblait aussi voir des montagnes vertes, couronnées de neiges éternelles, aux flancs boisés et humides de rosée. Tout à coup la chute d'un cheval, les piqûres des insectes, ou le passage d'un tourbillon de chaude poussière, les rappelait à l'horrible réalité :

— De l'eau ! de l'eau, par le ciel ! disaient-ils les dents serrées.

— Ah ! Waltermyer ! vous nous laisserez donc mourir de soif ! cria Morse.

— Voyons ! voyons donc ! soyons hommes, encore une petite heure, et nous serons arrivés. Voyez devant nous le gazon qui verdit là-bas ; nous y trouverons l'eau en creusant un peu : les *arroyas* (sources) ne doivent pas être taries, et, dans tous les cas, j'en connais une, à quelque distance, qui ne manque jamais.

— Marchons encore ! fut la réponse impatiente de toute la troupe.

Et l'on reprit avec effort une marche pénible et lente. De temps à autre un cheval tombait, mais on le laissait en route sans pitié.

— Ça va bien ! mes enfants, dit Waltermyer pour les encourager ; ce n'est pas la première fois que je fais cette route ; voyez mon cheval, il n'a pas un poil mouillé de sueur ; si j'avais voulu le laisser aller, je vous apporterais de l'eau maintenant. Pour tromper la soif, mettez une balle dans votre bouche, c'est un remède auquel j'ai eu recours plus d'une fois. Courage ! dans quelques minutes nous trinquerons à la source de Challybate.

Bientôt l'aspect de la plaine se modifia ; la terre se montrait moins aride ; l'herbe devenait moins jaune et prenait progressivement des teintes verdoyantes : l'air lui-même et le soleil semblaient moins embrasés.

— Encore un mille, enfants ! et nous sommes

sauvés, cria Waltermyer se haussant sur ses étriers.

Enfin on aperçut de loin serpentant au travers du gazon touffu et luxuriant, l'onde argentée, l'onde précieuse et désirée de la source. Ce fut alors une course échevelée : hommes et chevaux se précipitèrent avec une indicible ardeur vers l'oasis salutaire, et chacun étancha sa soif à longs traits.

Une heure après les voyageurs goûtaient un doux repos couchés sur la fraîche pelouse, bercés par le murmure enchanteur du ruisseau qui babillait autour de leur camp.

Waltermyer avait tenu sa promesse, ses compagnons étaient sauvés. Étendu sur l'herbe à côté de son bon cheval, il rêvait à la jeune fille qu'il fallait sauver aussi.

CHAPITRE VII

LA CAVALCADE DES MORMONS

Quand le jour fut venu, les tentes des Mormons furent pliées, les bêtes de somme harnachées, et l'on se mit en marche. Cette foule était réglementée d'une façon si précise, presque militaire que le défilé s'opéra sans désordre. Chaque homme, chaque famille connaissait sa place; en un clin d'œil, la colonne fut formée.

Tous suivaient aveuglément leur « meneur » avec cette confiance stupide qui caractérise l'espèce humaine lorsqu'on a su intéresser sa cupidité: leurs yeux cherchaient avidement cette terre promise où le lait et le miel coulaient en ruisseaux, où les fruits étaient d'or, les fleurs des diamants, la terre une poussière de perles fines.

Cette tourbe infatuée aurait lapidé quiconque eût entrepris de la désillusionner : il aurait été mal reçu, le prophète qui leur aurait prédit que toutes ces belles espérances aboutiraient à une mort solitaire dans quelque coin stérile et dérobé de la prairie.

Peu à peu le bétail se répandit sur les gazons verts; les pauvres animaux se dédommageaient des privations subies pendant le séjour du campement. En effet, la place occupée par cette fourmilière d'hommes et d'animaux offrait le plus triste aspect, le sol nu, souillé, dépouillé de sa verdure, ne présentait aux regards que de larges espaces noirâtres, ressemblant aux monstrueuses écailles de quelque lèpre gigantesque inoculée à la terre par le contact de l'homme.

La colonne marcha jusqu'aux approches de midi. Alors, comme la chaleur devenait étouffante, on fit halte ; les bêtes de somme furent dételées.

A ce moment on put contempler un spectacle

bizarre, bien caractéristique du principe étrange et égoïste qui présidait à cette étrange réunion.

Les hommes..., le sexe fort !... se couchèrent commodément à l'ombre des wagons, pendant que les pauvres femmes, s'évertuant au travail, ramassaient du bois, allumaient les feux, faisaient la cuisine, et préparaient tout pour le repas de leurs seigneurs et maîtres !

L'ancien, — Thomas Elein — se départant quelque peu de sa dignité, avait daigné s'asseoir au milieu des plus jeunes et des plus jolies, et se montrait assez bon pour échanger des congratulations avec elles. En apparence il semblait tranquille et paisible d'esprit ; mais au fond, on peut le dire, il se sentait brûlé par la robe de Nessus; en effet, l'heure approchait de son rendez-vous avec les Indiens, et il éprouvait la plus vive anxiété sur le résultat du plan concerté avec eux.

Toutefois il était indispensable d'imaginer un prétexte pour se dérober à ses compagnons, et emmener avec lui un petit détachement ; — car sa couardise l'empêchait d'affronter seul le voisinage d'Aigle-Noir et de ses sauvages compagnons. Il se méfiait d'eux, parce qu'ils savaient de l'or en sa possession et qu'aucun d'entre eux ne se serait gêné pour le dépouiller brutalement.

— Les cañons sont hantés par de la canaille indienne, dit-il à un homme d'avant-garde qui venait prendre ses ordres ; je ne voudrais pas que le peuple du seigneur tombât dans une embuscade où beaucoup seraient immolés comme des agneaux dans une boucherie.

— Les sauvages ne songeront pas à nous attaquer si loin, maître.

— Je sais bien que nous ne courons aucun risque en rase campagne, mais quand nous traverserons les gorges rocheuses, ces meurtriers idolâtres pourront nous cribler de leurs flèches empoisonnées, sans crainte d'être atteints dans leurs repaires secrets. Ne soyons point téméraires !

— Nous pourrions envoyer devant les éclaireurs.

— Oui, justement, j'allais vous en parler. Je suis dans l'intention de prendre avec moi une douzaine de nos jeunes hommes, et de voir par moi-même si la route est sans dangers.

— Vous, maître ?

— Sans doute ! ne suis-je pas le pasteur de ce troupeau ?

— Mais il faut songer à votre précieuse existence !

En vérité, le vieil hypocrite y songeait et la trouvait parfaitement précieuse, mais à un point de vue tout autre que celui de son interlocuteur. Si ce n'eût été l'appât d'une friande conquête, il n'aurait, pour rien au monde, aventuré son incomparable personne.

— Le sang des martyrs cimente les fondations de l'Eglise ! répondit-il en style biblique, avec une solennité qu'il savait très-bien approprier aux circonstances.

Son projet fut exécuté : accompagné d'un peloton d'hommes choisis et bien armés, il se mit en route après avoir déterminé le lieu du campement.

Un temps de galop amena Thomas et ses compagnons en vue d'un étroit défilé resserré entre des collines rocailleuses. On aurait dit une fissure provoquée par quelque convulsion volcanique, ou une tranchée ouverte par la hache d'un géant.

— Maintenant, mes enfants, dit-il à voix très-basse, soyons tout yeux et tout oreilles. Je connais le terrain et je vais vous précéder : marchez serrés les uns contre les autres, soyez toujours aux aguets, quoique une attaque soit peu probable ; en avant !

Quand ils furent engagés dans le défilé sonore, au cliquetis des pieds de leurs chevaux, répondit un grand fracas d'ailes, et de gigantesques vautours quittant un squelette d'antilope à demi-dévoré, allèrent se mettre en observation sur les roches voisines.

Le silence redevint solennel et morne : le cri orgueilleux et bref d'un grand aigle planant dans les hautes régions de l'air, faisant seul retentir par intervalles les échos solitaires de ces lieux désolés.

Tout à coup éclata comme un coup de foudre un fracas immense, les collines tremblèrent !

un roc énorme, se détachant de la plus haute cime, roulait sur les plantes abruptes, entraînant avec lui un déluge de cailloux broyés, qui bondissaient en tout sens comme une formidable poussière.

La petite troupe s'arrêta effrayée : les pierres sifflantes et fumantes passèrent à quelque distance, écrasant tout sur leur route ; puis l'avalanche se calma peu à peu, adoucissant son tonnerre jusqu'aux faibles murmures de quelques grains de sable ébranlés ; et tout se tut dans le désert.

Thomas et ses hommes, la première émotion calmée, dirigèrent vers les hauteurs des regards inquiets, convaincus que cette artillerie de rochers devait avoir été dirigée par une main humaine.

Ils se trompaient : l'éboulement s'était produit tout seul, ainsi qu'il arrive souvent à la suite des orages ou des sécheresses prolongées. Leur marche continua sans autre incident, par des chemins de plus en plus difficiles. Bientôt leur guide s'engagea dans un sentier tellement escarpé et impraticable, que plusieurs chevaux s'abattirent; il fallut s'arrêter, les hommes commençaient à murmurer tout bas.

— Restez là, gens faibles de corps et d'esprit, leur dit le chef Mormon d'un ton aigre-doux; vous avez besoin de vous reposer; je vais continuer seul notre exploration, pendant que vous m'attendrez ici tranquillement. Néanmoins si vous entendez un coup de feu, accourez à mon secours.

Ses compagnons le prirent au mot et restèrent sur place; Thomas partit à pied, sans carabine, armée seulement d'une paire de pistolets. Tout ses plans étaient déconcertés par l'insubordination de ses hommes.

Néanmoins il n'eut pas un long chemin à faire; du haut d'un pic qui commandait tous les environs, il aperçut à un mille en avant, une fourmilière d'Indiens qui circulaient dans la plaine. Aussitôt il redescendit en toute hâte le flanc du côteau, et revint vers ses compagnons.

— Les Indiens sont là, cria-t-il tout essoufflé, ces coquins de Utes! et, par la barbe du Prophète! ils entraînent avec eux une jeune fille blanche! Allons, mes enfants, non-seulement soyons braves et invincibles pour punir ces mécréants, mais encore délivrons leur malheureuse prisonnière? Courons sur eux sans brûler une seule amorce de peur de les mettre en garde; puis, quand nous serons au milieu de cette canaille, écrasons-la à coups de crosse; pas de fusillade, nous risquerions de tuer la jeune fille.

Le vénérable hypocrite sentait son cœur battre tumultueusement dans sa poitrine, à l'idée du triomphe qu'il entrevoyait enfin. Mille visions fiévreuses traversèrent sa pensée, pendant qu'il conduisait sa troupe en avant, suivant le lit peu profond de la rivière.

— Ils sont là-bas qui galopent comme des fantômes, dit-il en les montrant à son compagnon le plus proche; ah! les vils démons! — ainsi que pourrait les qualifier une langue peu charitable, — ajouta-t-il en style correctif, rentrant dans son rôle de guide spirituel; voyez! ils tournent une éminence, les voilà hors de vue! Par l'enfer! — où j'espère ne point tomber — ils vont disparaître dans les collines, où pas un homme blanc ne saurait les atteindre.

— A quoi bon les poursuivre, maître ? La fille blanche n'est pas des nôtres, pourquoi risquerions-nous notre vie pour une étrangère ?

— Par le commandement, par l'exemple des saints, par les exhortations de la voix qui crie dans le désert, nous sommes instruits que notre devoir est de tirer l'épée pour sauver la brebis qu'emporte le loup ravisseur ! Arrière ceux qui ont peur ! J'irai seul en avant, n'est-il pas écrit que celui qui succombe pour la bonne cause gagnera la couronne de gloire ?

A ce moment une clameur farouche, surnaturelle, indescriptible, surgit du fond de la plaine, et vint glacer de terreur la troupe aventureuse ; c'était le terrible cri de guerre des Indiens : mélange affreux de tous les hurlements des monstres du désert, renforcés et aigris par la férocité humaine. Il y a dans ce grondement sinistre, éclatant comme la trompette, profond comme le rugissement du lion, il y a tout un drame fantastique, toute une mêlée sanglante où tourbillonnent des mâchoires armées de dents aiguës et mordantes, des lèvres dégouttantes de sang, des yeux ardents de rage, des chevelures scalpées, des têtes coupées qui roulent à terre frémissantes, des troncs décapités qui chancellent et tombent dans l'ivresse terrible de la mort, des membres épars dévorés par les cannibales.

— Les Indiens ! les Indiens ? murmurèrent les lèvres blémissantes des Mormons... et ils se serrèrent les uns contre les autres comme pour concentrer leur courage en échec.

— Oui ! répliqua impétueusement Thomas exaspéré, les Reptiles s'agitent, les Panthères rauquent ; mais leur morsure seule est à craindre ; nous leur écraserons la tête avant qu'ils aient pu la relever !

— Ne ferions-nous pas mieux de battre en retraite et de nous retirer en lieu sûr? hasardèrent plusieurs voix.

— Si vous connaissiez mieux cette racaille vous ne seriez pas émus, ça crie, mais c'est sans courage. Piquons des deux compagnons, et arrivons sur l'ennemi comme une trombe ! pas un bras...

L'Ancien ne put achever sa phrase ; son cheval trébucha lourdement sur une roche glissante; tous deux, le cavalier et le coursier, roulèrent sur la pente escarpée, et, de pointe en pointe, tombèrent déchirés dans le fond d'un gouffre.

CHAPITRE VIII

LE FEU DANS LA PRAIRIE

Quoique après une aussi rude épreuve le repos fût bien doux à ses compagnons, au milieu de l'oasis fraîche et verdoyante où ils s'étaient arrêtés, Waltermyer ne crut pas devoir les laisser trop longtemps interrompre la poursuite. Il savait que l'ennemi dont ils recherchaient la piste ne ferait aucune halte, et pousserait toujours en avant avec ses chevaux nés dans la prairie, durs à la fatigue et insensibles à toutes les intempéries de l'air. La pensée lui vint aussi que la nuit les retarderait d'une façon très-fâcheuse, et qu'il fallait user autant que possible du reste de la journée pour avancer. Aussitôt qu'il crut les chevaux suffisamment reposés, il donna l'ordre du départ.

— Quel chemin allons-nous prendre, Waltermyer? demanda Miles Morse; nous en avons fini avec la prairie, j'espère?

— Oui, adieu à la grande plaine: nous n'avons plus qu'à traverser le *Sloo* (bordure humide et boisée), et nous serons sur la piste de ces coquins. Le chemin ne sera pas trop long : après avoir cotoyé la prairie, nous nous trouverons au pied des premières montagnes qui mettent le nez dans la plaine.

— Nous vous suivrons aveuglément, guidez-nous par le plus court chemin.

— Ah! si vous pouviez m'accompagner dans ces passages où je pourrais vous guider, nous aurions bientôt fini d'écraser cette canaille rouge; mais avec des rosses comme vos chevaux il n'y faut pas penser. Je connais un fameux procédé pour balayer ces scélérats ! mais il faut que le lieu s'y prête.

— Quel moyen?

— Un gros rocher qu'on lance du haut de la montagne. Je me suis souvent donné ce plaisir, moi, alors même qu'il ne s'agissait pas d'Indiens ; uniquement pour voir bondir les pierres et entendre leur infernal fracas.

— Ah ! qu'entendons-nous là ! seraient-ce les Indiens ?

— Étranger ! vous vous connaissez en sauvages comme moi en écriture, c'est-à-dire terriblement peu. Pensez-vous qu'ils vont en chasse ou en guerre avec des trompettes comme les hommes blancs ? Le son qui a frappé vos oreilles est le bruit lointain de quelque avalanche... Mais tout ce que nous disons en ce moment ne délivrera pas la jeune fille ; marchons, marchons vite.

La cavalcade commença, Waltermyer en tête : d'abord, l'allure fut vive et hardie ; les chevaux étaient bien reposés et bien repus ; l'eau ferrugineuse de la source, le gras pâturage qui l'avoisinait les avaient entièrement réconfortés. Mais bientôt la fatigue recommença à se faire rudement sentir : des myriades d'insectes continuaient à assaillir bêtes et gens ; le sol profondément crevassé et hérissé de racines rendait la marche extrêmement pénible et dangereuse.

Parfois un serpent surgissait entre les pieds d'un cheval qui alors se cabrait ou faisait un violent saut de côté.

— Ne descendez pas tous à la fois ! s'écria malicieusement Waltermyer, au moment où un cavalier désarçonné cherchait à se remettre en selle : vous auriez mieux fait de sauter en l'air, aussi haut que le Pic de l'Indépendance, par ce moyen vous auriez pu inspecter plus loin à la ronde les mouvements de cette perfide engeance.

— Quoi ? de quoi parlez-vous ? nous ne voyons rien.

— Eh bien ! ni moi non plus. Cependant je vous dirai, mon homme, que *celui* qui a occasionné votre chute est un serpent à sonnettes ; rien que cela !

— Un serpent à sonnettes !!!

— Quoi autre chose ? Trouvez-moi donc par ici d'autres animaux que des reptiles, des chiens sauvages ou des chouettes ! Tout cela vit dans la prairie en famille.

— Bah !

— Dites, bah ! tant que vous voudrez : si vous

en aviez chassé et mangé autant que moi, vous seriez moins incrédule.

— Manger des serpents ?

— Pourquoi pas ? c'est même très-bon et très-délicat. J'avoue néanmoins que je n'en cherche pas lorsque j'ai d'autre gibier à me mettre sous la dent.

— J'aimerais mieux mourir de faim.

— Attendez d'y être, mon garçon, pour parler ainsi. Je vous dis qu'un homme affamé ne s'amuse pas à choisir sa nourriture; il prend ce qu'il trouve. — Le mulet, par exemple, n'est pas ce qu'il y a de meilleur en cuisine, pourtant ça se laisse manger; le cheval est juteux s'il n'a pas été surmené jusqu'à mourir ; eh ! bien en comparaison, le serpent à sonnettes est un morceau choisi.

Un éclat de rire général accueillit la thèse gastronomique du trappeur. La marche continua allègrement, quoique plus d'un regard inquiet se dirigeât vers les broussailles pour y épier le reptile dangereux dont il venait d'être question.

— Laissons souffler un instant les chevaux, continua Waltermyer ; quelques minutes de repos ne les fâcheront pas, cela les mettra en haleine pour gravir les montagnes. Je vais vous raconter une histoire qui nous est arrivée, à Lemoine et à moi, il y a quatre ans, précisément dans ce *Sloo*. C'était par une scélérate et brûlante journée du mois d'août ; le moment où les serpents sont dix fois plus venimeux qu'en tout autre temps. Si vous êtes piqué vous êtes perdu. Bon ! nous marchions donc ensemble, le Français et moi, lorsque tout à coup je l'entends pousser deux cris !.. Deux hurlements !... comme je n'en ai jamais entendu. Ce n'était pas le moment de le questionner, je regarde vivement, et que je sois pendu ! si ce n'était pas les deux plus gros de leur espèce, deux énormes serpents, qui, enroulés aux jambes de son cheval, le piquaient, le mordaient à l'envi. Je n'ai jamais bien pu comprendre comment cela s'était fait : sans doute le cheval était tombé juste sur leur trou. Quoiqu'il en soit, ils n'ont pas vécu longtemps, mais le cheval est mort au bout de cinq minutes.

— Je croyais que vous connaissiez le moyen de guérir la piqûre du serpent, dit Miles Morse.

— Oui, quelquefois quand on peut ; mais seulement si l'on peut se procurer la feuille du *frêne bleu* ou la *fougère-au-serpent*. Cependant je vous dis, mes camarades, qu'en pareil cas il ne faut pas perdre du temps à chercher un médecin ; il n'y a qu'à boire une forte gorgée de wisky, et à en laver la plaie, sans retard ; souvenez-vous de cela, et...

Waltermyer s'arrêta court, et darda sur la montagne un regard d'aigle : il venait d'entendre le même cri de guerre qui avait terrifié les Mormons ; mais cette clameur sauvage était si lointaine qu'aucun de ses compagnons ne put la reconnaître ; quelques-uns, même, ne l'entendirent pas.

— Ah ! fit le trappeur, les panthères hurlent sur la montagne.

— Quoi ! ce sont les Indiens ? demanda le pauvre père tremblant.

Et des larmes jaillirent de ses yeux, à la pensée qu'il était proche de sa chère enfant... mais que peut-être il ne la retrouverait pas vivante.

— Je n'oserais rien assurer, étranger ; si c'est la vermine indienne, il faut qu'elle soit en guerre, autrement vous ne l'entendriez pas hurler, vociférer et faire tout ce vacarme. Non, non, les sauvages sont des brutes trop rusées pour se trahir ainsi ; ils savent tenir leur langue mieux que pas un homme blanc. Enfin, n'importe, si nous restons ici à prendre des serpents, nous n'aurons guère occasion de nous rencontrer avec ces braillards.

— Marchons donc ! ne perdons pas de temps.

— Oh ! oh ! est-ce que nous perdons du temps ici ? Ne vous est-il jamais arrivé, étranger, de vous apercevoir que, dans un voyage, un jour d'arrêt est quelquefois un jour de gagné ?

— Certainement ! ainsi je n'ai jamais voyagé le jour du sabbat.

— Dimanche ou jour de semaine, c'est la même chose : mais, dans mon idée, le repos aujourd'hui serait une excellente affaire. Je dois avouer, étranger, — car je ne suis guère savant, — je dois avouer que depuis dix ans, je ne me suis aperçu que deux fois du dimanche. Ce fut lorsque je servais de guide aux demoiselles de Bois-Brûlé, sur la rivière rouge. Quelquefois elles prenaient leurs chapelets, je les conduisais à l'église, où je leur apportais une peau de castor pour se mettre à genoux : aussi elles ne me refusaient pas, ensuite, de danser avec moi.

Chacun sourit au naïf échantillon que le brave chasseur donnait de sa piété. Peut-être bien des hommes civilisés n'auraient pas eu même un semblable souvenir à rappeler.

Waltermyer reprit la tête de la colonne, mais il paraissait inquiet, avançait avec précaution, se haussant fréquemment sur la selle, et jetant des regards investigateurs par-dessus la mer onduleuse des feuillages verts. Enfin, sous l'impression d'une pensée soudaine, il s'arrêta et réunit ses compagnons autour de lui.

— Quoi de nouveau ? lui demanda un des plus impatients de la bande ; nous ne marchons donc plus, et nous ne sortirons donc jamais de ces bourbiers maudits, où il n'y a ni air, ni sentier ? J'en ai assez des trous, des serpents et des moucherons.

— Êtes-vous préparé à la mort ? lui demanda solennellement Waltermyer, dont l'honnête visage avait perdu sa gaîté habituelle, pour prendre une expression anxieuse.

— Mourir ! quelle question ? Est-ce qu'on est prêt à cela ?

— Cependant la mort nous environne : entendez-vous ce bruit ?

— Oui, il court dans les broussailles lointaines derrière nous. Peut-être c'est un des chevaux que nous avons abandonnés.

— Un cheval ne galope pas si vite ; un daim lui-même ne pourrait pas.

— Qu'est-ce donc ?

— Levez-vous sur vos étriers et regardez.

— Je vois un grand nuage de poussière épaisse comme si cent buffles passaient à grande vitesse, la soulevant dans les airs.

— Les buffles et les daims courent peut-être en ce moment ; mais ils ne suivent pas ce chemin-là.

— Eh bien ! Waltermyer, interrompit Miles Morse, dites-nous ce que c'est.

— De la fumée.

— De la fumée ? je ne vous comprends pas.

— Oui ! de la fumée et du feu ! vous en serez convaincus dans un instant.

Tous montèrent debout sur leurs selles et jetèrent des regards éperdus sur la plaine. Partout, en arrière, dans l'horizon immense, tourbillonnaient d'épaisses colonnes de fumée jaunâtre, déchirées çà et là par d'immenses langues de feu.

— Le feu est à la prairie, reprit Waltermyer, nous sommes cernés par l'incendie.

— Juste ciel ! est-ce vrai ?

— Aussi vrai que le ciel dont vous parlez.

— Alors nous sommes perdus.

— Mille autres ont passé par cette épreuve et n'y ont pas laissé leurs os. Mille et deux mille y ont péri.

— Eh courons ! fuyons ! poussons les chevaux pour gagner un terrain découvert.

— Autant vaudrait entreprendre d'aller dans la lune. Vos chevaux paraîtront marcher comme des escargots devant le vol de l'incendie. Mon brave *Black* lui-même, qui vaut dix de ses pareils, ne pourrait s'échapper.

— Enfin ! nous faut-il donc mourir ici comme des renards dans leur trou ?... d'une horrible mort que nous attendrons lâchement, sans faire un pas pour l'éviter ?

— Elle gagne ! elle avance comme une trombe, la flamme ! cria le vieux Morse avec désespoir ; Oh ! ma fille ! ma pauvre fille !!

— Partons donc ! hurlèrent ses compagnons ; la fuite ou la mort !

— Sans doute ! dit une voix irritée, mourons au moins en hommes, au galop ! à quoi rêve donc ce Waltermyer immobile ?

— Je rêve...? fit le guide avec explosion ; oui ! j'admire que des hommes comme vous connaissent si peu la grande prairie.

— Eh bien ! restez à votre aise ; moi ne voulant pas brûler ici, je pars.

— Halte ! s'écria Waltermyer en posant une main vigoureuse sur les rênes du cheval.

L'animal effaré se cabra, rua et souffla bruyamment ; la fumée venait d'arriver en larges bouffées sur le groupe tremblant. Hommes et chevaux se serrèrent instinctivement et baissèrent leurs têtes sous le souffle des terribles précurseurs de l'incendie.

— Que faites-vous ? demanda aigrement le fugitif ; êtes-vous fou ?

— Non, c'est vous qui êtes insensé... ! vous voulez faire la leçon à un vieux trappeur comme Waltermyer. Écoutez-moi bien : je sais, comme vous, que le feu arrive sur nous ; et pourtant je reste ici. Le premier qui voudra se sauver n'ira pas loin, car je lui enverrai une balle dans le crâne.

— Mais au nom du ciel ! Waltermyer, pourquoi s'acharner à rester ici quand nous pourrions fuir ? demanda Morse.

— Pour qui me prenez-vous, étranger ; pour un scélérat ou un fou ?

— Non, sans doute.

— Ah ! ce n'est pas malheureux ! eh bien ! obéissez-moi, liez vos chevaux les uns aux autres, tête contre tête, serrez vos nœuds de manière à ce qu'ils ne puissent les rompre, car lorsque les flammes les environneront aucune puissance humaine ne sera capable de les retenir.

On se hâta de lui obéir sans répliquer.

— Maintenant, ne liez-vous pas le vôtre? lui demandèrent ses compagnons lorsque leur opération fut achevée.

— Non pas! ce n'est pas un de vos chevaux citadins, stupides et indociles; d'ailleurs ce n'est pas la première fois qu'il se trouve à pareille fête; il connaît son affaire mieux que vous.

Tout en parlant il toucha légèrement les rênes, et appuya sa main sur le garrot du noble animal: celle-ci aussitôt ploya promptement ses jambes fines et nerveuses, et se coucha par terre avec un empressement joyeux. Après avoir suivi des yeux les mouvements de son cheval, avec un orgueil que comprendra tout vrai cavalier, il se dépouilla de son manteau, et lui en couvrit la tête de manière à l'abriter complétement de la flamme et de la fumée.

— Maintenant, mes amis, s'écria-t-il en se tournant vivement vers ses compagnons, à l'œuvre, il n'est que temps! fauchez, coupez, arrachez le gazon et les broussailles tout autour de nous, de manière à former une grande place circulaire entièrement nue : en avant serpes, haches, couteaux, et soyez prompts si vous voulez conserver votre vie.

Joignant l'exemple aux paroles, il se mit à l'ouvrage et abattit des monceaux d'herbes qu'il rejeta en rond le plus possible.

Mais leurs préparatifs avaient commencé trop tard, l'incendie arriva sur eux avant qu'ils eussent rasé le gazon sur un espace assez grand ; des dards de flammes, des bouffées épaisses de fumée vinrent les frapper au visage. Encore quelques instants et ils étaient asphyxiés.

Waltermyer, d'un coup d'œil rapide, jugea la position, et s'aperçut que sur un point le feu était moins violent.

— Tête baissée ! hurla-t-il en se dépouillant de sa veste en toile, poussez droit dans le feu ! et passez au travers !

En même temps, suivi de tous ses compagnons, il se lança résolument dans l'incendie, au rebours de sa course, et franchit la ligne de feu qui leureusement sur ce point n'avait pas une grande épaisseur.

Quelques bonds désespérés les portèrent sur le terrain brûlé et exempt de flammes ; le fléau dévorant continua son vol embrâsé, et il était loin déjà lorsqu'ils se retournèrent pour courir à leurs chevaux. Les pauvres bêtes haletantes et terrifiées respiraient à peine ; bientôt l'air vif et pur les ranima.

— Nous l'avons échappé belle, dit Waltermyer tâtant ses cheveux et sa barbe brûlés, et caressant le poil roussi de son cheval ; et à présent, amis, comme l'incendie de la prairie ne se voit pas tous les jours, regardez bien ce spectacle, vous vous en souviendrez longtemps.

En effet, c'était un spectacle saisissant : partout, sur une ligne immense roulaient furieusement des vagues de feu, rouges et grondantes, envoyant au ciel des reflets sanglants, demi-noyés dans des tourbillons de fumée. Sous le fléau implacable, les arbres, les feuillages, les hautes herbes disparaissaient comme une goutte de cire dans une cuve pleine de métal en fusion. Et pendant que l'œil s'effrayait à suivre l'élément destructeur dans sa marche irrésistible, l'oreille entendait partout comme un tonnerre à voix basse, composé de crépitements sourds, de sifflements, de murmures incompréhensibles. Dans toutes les directions couraient affolés de terreur, des buffles, des panthères, des antilopes, et mille animaux de races différentes, dont la plupart tombaient foudroyés, dévorés par les flammes. La terre elle-même présentait un aspect sinistre et désolé; partout où avait passé l'ouragan embrâsé, le sol noirâtre, crevassé et fumant, semblait bouleversé par quelque convulsion volcanique.

CHAPITRE IX

CŒUR DROIT

La bande d'Indiens dans laquelle Esther Morse était prisonnière, conduite par Aigle-Noir, était cette portion de la grande tribu des Dacotahs ou Sioux que la population blanche des frontières appelait *Gens du Large*, pour les distinguer des *Gens du Lac*, autre section de la même tribu qui vivait dans les villages sur le bord du lac Spirit. — Les premiers (Aigle-Noir en tête) étaient tous voleurs, pillards et assassins ; les seconds étaient assez doux et tranquilles.

Aigle-Noir avait si bien caché toutes ses manœuvres que personne ne s'en était même douté : on s'attendait bien à faire main basse sur les Mormons, sur la caravane de Miles Morse, mais on ne savait point au juste quand et comment se feraient les choses.

En poussant leur cri de guerre, ils avaient pensé attirer à leur merci le chef Mormon, et le rançonner sans miséricorde. Mais leur étonnement fut grand d'entendre une voix forte et claire y répondre par un cri retentissant, et de voir apparaître sur la colline un cavalier qui se dirigeait rapidement vers eux.

Cette apparition avait un caractère si soudain et si fantastique qu'on crut d'abord avoir affaire au Manitou des montagnes, ou à un messager céleste du Grand-Esprit.

Esther Morse, elle-même, quoique bien au-dessus des superstitions indiennes, ne put réprimer une vive émotion en voyant sortir, presque des nuages, ce jeune guerrier inconnu dont le coursier semblait avoir des ailes, tant il descendait rapidement les pentes abruptes et rocailleuses.

En quelques minutes il fut arrivé près des Dacotahs qui lui firent — silencieusement suivant leur usage — un accueil plein de respect et de déférence.

Le nom d'Osse'o fut murmuré par plusieurs guerriers Indiens.

Quoique paraissant être un personnage considérable parmi les Dacotahs, il portait plutôt le costume d'un chasseur blanc que celui d'un guerrier sauvage; tout son équipement portait les signes évidents du luxe et de la civilisation. Esther remarqua sa belle selle brodée ; la bride en argent ciselé de son cheval ; ses vêtements en fine peau de daim parfumée; ses mocassins élégants; son chapeau enjolivé de fourrures précieuses et décoré d'une seule plume d'aigle.

Devant sa poitrine était suspendu l'ornement favori des chefs indiens, un petit bouclier en argent damasquiné. Ses pistolets à crosse d'ébène, sa lance dont le fer était en acier damassé, n'étaient certainement pas l'œuvre d'un artiste sauvage.

C'était un beau jeune homme, à la taille fine et souple, au visage ovale et intelligent, aux yeux bleus, couleur rare chez les Indiens, au maintien noble, empreint d'une grâce hautaine.

Sa voix harmonieuse et sonore n'avait point

les notes gutturales des sauvages ; Esther sentit son cœur battre lorsqu'il la regarda, le sourire sur les lèvres, — le sourire ! chose inconnue au guerrier indien.

— Les guerriers des Dacotahs sont bien loin de leurs wigwams, dit-il à Aigle-Noir, en promenant autour de lui des regards perçants comme pour découvrir le motif de leur expédition.

— Les Mocassins d'Ossé'o ne s'éloignent pas souvent du lac Spirit, répondit évasivement le chef.

— La prairie est ouverte à tout le monde. Les *gens du large* viennent sans doute adorer le Mânitou dans les grandes cavernes de la montagne?

— Mon frère est un *homme du lac*, a-t-il rencontré le Grand-Esprit?

— Lorsque le cri de guerre des Dacotahs a frappé ses oreilles, il a cru entendre les esprits des montagnes. Pourquoi les chevaux d'Aigle-Noir se dirigent-ils vers le soleil couchant ? cette piste les emmène loin de leurs femmes et de leurs enfants?

— L'homme blanc possède de nombreux troupeaux ; dans sa main il tient beaucoup d'or rouge : les Dacotahs sont pauvres. Le buffle et le daim ont quitté leurs forêts natales; la loutre et le castor ont abandonné les rivières ; le cheval sauvage a disparu. C'est l'homme blanc qui, avec son fusil, a chassé tout cela : le fer de ses wagons a écrasé l'herbe des prairies. Le fils du désert cherche en vain de la nourriture pour ses petits enfants: son wigwam est vide. Les Faces-Pâles ont dépouillé le Dacotah, il s'en va pour leur échapper.

— Les paroles d'Aigle-Noir sont comme la trace du serpent, tortueuses et pleines de fourberie: sa langue est fourchue, ses pieds ont perdu le sentier de la vérité. Il n'y a ici ni bestiaux ni provisions appartenant à l'homme blanc.

— On les a emmenés bien loin. Les Faces-Pâles étaient en nombre plus grand que les fruits du *Mahnomonce.*

— Les grains du riz sauvage sont innombrables. Le Dacotah n'est point une taupe qui aille se jeter aveuglement dans une trappe. L'arme à feu des Faces-Pâles envoie la mort ; où sont les blessés et les tués parmi les Dacotahs... ?

Quelque embarrassé par les questions pressantes du nouveau venu, et déconcerté de voir ses plans devinés, Aigle-Noir continua ses réponses hypocrites.

— Les hommes rouges s'enfuient : ils voient que les Faces-Pâles veulent les chasser de la surface de la terre, et...

— .... Et ils volent une innocente fille, puis, ils se sauvent comme des loups effrayés.

Ces paroles amères, et le ton avec lequel elles furent prononcées irritèrent profondément Aigle-Noir ; mais, contenu par le regard clair et froid d'Osse'o, il n'osa laisser éclater sa rage.

— Quel a été votre but en enlevant cette jeune fille ?

— L'or, l'or ! répondit Aigle-Noir.

— Et vous la traînez par ici dans les montagnes inaccessibles, pensant y trouver ceux qui pourraient vous donner de l'or ?

Cet argument était décisif ; il ouvrit les yeux aux compagnons d'Aigle-Noir ; ils commencèrent à soupçonner leur chef d'avoir d'autres projets cachés, tout autres que le pillage des Mormons.

— Eh bien ! non ! répliqua rudement Aigle-Noir qui, réflexion faite, aima mieux ne pas parler des Mormons, les Dacotahs ne sont pas fous; ils ne quittent pas une piste facile et unie, sans motifs ; car ils connaissent tous les sentiers de la montagne. Ils tournent la position de l'ennemi pour mieux le surprendre. Y a-t-il besoin de dire cela à Cœur-Droit...? lui qui marche depuis si longtemps dans les sentiers du désert.

— Déliez la Face-Pâle, dit Cœur-Droit en français.

C'était le premier mot que pût comprendre Esther, car le commencement de la conversation avait eu lieu en langue indienne. Elle se jeta à ses genoux et le remercia en pleurant.

— La langue des Faces-Pâles est adroite au mensonge ; elle sait très-bien déguiser ce que pense le cœur, répondit sèchement Cœur-Droit en lui tournant le dos.

La pauvre Esther se tut toute tremblante ; elle avait cru trouver un protecteur : cette brusque réponse la désillusionnait.

8

Néanmoins les sauvages obéirent avec empressement ; l'un d'eux coupa ses liens ; un autre alla lui chercher de l'eau ; un autre lui offrit quelque nourriture. Osse'o retira de sa selle une peau de daim parfumée, et la jeta à ses pieds pour qu'elle s'y reposât.

La jeune fille agitée de mille pensées étranges s'assit sur sa fourrure, et se mit à rêver, la tête dans ses mains, dévorant ses larmes.

Un léger mouvement à côté d'elle lui fit relever les yeux : elle vit Osse'o debout, les bras croisés.

— Que la jeune fille au teint de neige essuie ses larmes, dit-il d'une voix douce, elles laveraient les roses de ses joues. Quand le grand, le bon Manitou a placé les hommes rouges dans la prairie, il ne leur a pas donné à tous un cœur de pierre.

Puis il se tut brusquement et se détourna avec une sorte d'irritation contenue.

— Est-ce que Osselo veut s'approprier le butin d'Aigle-Noir ? A cette question du sauvage, Osse'o marcha vers lui, et, sans le toucher, le refoula si près du précipice, que d'un geste il aurait pu l'y précipiter : là il s'arrêta sans daigner lui répondre, et, les bras toujours croisés, se mit à regarder dans la plaine.

— Que les Dacotahs se dispersent dans la montagne et guettent l'arrivée des hommes blancs, dit ensuite Osse'o.

Aigle-Noir prit la parole d'un ton aigre-doux.

— Mon père n'a jamais taché son âme de sang ; sa main est innocente du pillage ; pourquoi mon frère se place-t-il entre Aigle-Noir et sa prisonnière ?

— Est-ce qu'Aigle-Noir a peur qu'une faible fille s'échappe du milieu de ses guerriers ? Ou bien a-t-il la lâcheté cruelle de la lier comme une victime au poteau de mort ?

— Non.

— Pense-t-il que le peuple de cette jeune fille donnera plus d'or lorsqu'il s'apercevra qu'elle a été torturée ?

— Non ! mais Aigle-Noir fait ce qu'il veut de ses prisonnières, et ne veut pas qu'on se mêle de ses actions !

— La parole d'Aigle-Noir passe comme un

souffle contre mes oreilles... je ne l'entend pas, répondit froidement Osse'o sans même regarder le sauvage.

Ce dernier, placé derrière Cœur-Droit, n'avait qu'à lever la main pour lui fendre la tête, ou le précipiter dans un abîme. Frémissant de fureur et outré du dédaigneux antagonisme que lui opposait Cœur-Droit, il ne put se contenir : son bras bronzé se leva menaçant... L'œil vigilant d'Osse'o saisit ce mouvement, il se retourna sans paraître avoir compris le projet de son ennemi, et lui dit d'une voix calme :

— Est-ce que mon frère aperçoit quelque chose... il montre la prairie de la main.

— Je vois le buffle et le daim qui fuient devant le Manitou du feu.

— C'est vrai : et derrière la fumée qui tourbillonne, serpente la colonne des visages pâles. Leurs bestiaux sont nombreux, car ils en ont laissé en arrière.

— Les hommes blancs sont comme les vautours ; ils dévastent la terre des hommes rouges ; ils ne laissent après eux ni pâturages, ni gibier.

— Les Dacotahs peuvent faire comme eux, récolter la graine d'or de maïs, et...

— Et devenir esclaves ! n'est-ce pas ? Le grand Manitou a donné aux Faces-Pâles le grain pour nourrir leurs femmes et leurs enfants; aux Peaux-Rouges il a donné les territoires de chasse. Quand les Dacotahs courberont leurs fronts sous le joug du travail, comme les bœufs des hommes blancs, leur courage et leur gloire disparaîtront pour toujours.

— Oui, vraiment ! les hommes rouges seront moins vaillants lorsqu'ils auront oublié de torturer leurs prisonniers, et d'entourer leurs ceinture des chevelures scalpées.

— Osse'o ne sait dire que des paroles de paix.

Cœur-Droit se détourna silencieusement avec un sourire de mépris, et croisant de nouveau les bras, se remit à regarder la plaine.

Aigle-Noir se rapprocha de lui les bras levés, sans qu'il s'en aperçût; Esther poussa un cri déchirant, mais il était trop tard : la main meurtrière s'était déjà abattue avec une violence

8.

irrésistible sur la tête d'Osse'o. Le malheureux jeune homme chancela, ses bras retombèrent sans force, et s'affaissant sur lui-même il roula sur les flancs escarpés du rocher.

Aigle-Noir poussa un cri de joie ; saisissant Esther, il s'élança avec elle sur le cheval blanc d'Osse'o et, donnant le signal du départ, descendit la montagne, retenant de force sur sa selle la jeune fille qui criait et se débattait.

Ses actions avaient été si promptes qu'aucun de ses compagnons n'avait pu s'en rendre compte ; leur étonnement fut grand lorsqu'ils virent Esther et Aigle-Noir sur le cheval d'Osse'o : un nuage de mécontentement passa sur leurs visages :

— Osse'o n'avait pas le pied sûr, il est tombé dans le précipice comme un aigle dont l'aile est brisée. Hâtons-nous de poursuivre notre route.

Ce monstrueux et grossier mensonge ne trouva pas de contradicteurs. Esther s'était évanouie entre les serres homicides de cet oiseau de proie à face humaine.

CHAPITRE X

COMPLICATIONS

Quoique tout contusionné par son épouvantable chûte, et assez gravement blessé, le chef Mormon fut relevé vivant par ses compagnons. Son cheval, un noble coursier qui valait cent fois mieux que le cavalier, s'était brisé sur les rochers.

A défaut de remèdes, on ranima Thomas en le bassinant avec l'eau fraîche du torrent ; on lui fit boire une copieuse gorgée du liquide spiritueux dont sa bouteille de campagne était abondamment pourvue : bientôt il fut en état de reprendre la marche.

Le *Saint* des Mormons n'eut pas une pensée de gratitude pour le ciel qui venait de le préserver si miséricordieusement d'une mort certaine.

— Où est mon cheval ? telle fut sa première parole.

— Il est mort.

— Oh ! la brute ! tomber, m'écraser presque, lorsque j'étais si près...!

Il n'acheva pas, mais il avait été bien près de trahir son secret.

— Le Prophète du Seigneur a été conservé pour la grande œuvre, reprit-il d'une voix doucereuse et pénétrée, signe précieux de la sainteté de sa mission. Mes frères ! dans ce qui vient de s'accomplir vous devez voir un des miracles inscrits sur les tables d'or du Dieu vivant.

Ici le vénérable coquin se vit obligé de reprendre haleine : ses contusions le gênaient quelque peu. Bientôt il reprit pathétiquement:

— Oui, en vérité, je vous le dis, nous devons avoir le cœur haut, car il est écrit que notre flambeau ne s'éteindra pas. La brute est livrée aux vautours; l'esprit est sauvé, la mort ne peut rien sur lui ; le juste sait combattre et vaincre, souffrir et rester ferme. — Mes frères, donnez-moi encore à boire ce breuvage salutaire, surtout à l'heure du danger. — Mes frères, il est écrit que la perte de l'homme fut la désobéissance, et que le superbe ne sera pas admis aux félicités des saints. Anathème sur les orgueilleux, sur les gentils prévaricateurs, sur les rebelles, sur les désobéissants ! ils seront jetés dans les ténèbres extérieures, et là un simple murmure sera puni des feux de la Géhenne.

Il aurait continué longtemps encore son sermon si le souffle ne lui eût manqué, et si un de ses compagnons plus hardi que les autres ne l'eût assez cavalièrement interrompu :

— Prenez mon cheval, Elder ; il a le pied sûr. Maintenant, en route ! il se fait tard, si nous restons là, non-seulement nous serons surpris par les ténèbres, mais encore nous perdrons toute chance de surprendre les Indiens.

En toute autre occasion, Thomas aurait assez mal reçu l'interruption et l'avis dont elle était accompagnée : mais son idée fixe, toujours dirigée vers la jeune fille, le rendit favorable à la proposition.

— Il sera fait comme vous dites ; et lorsque nous serons au terme du voyage, quand la brebis enlevée par les loups des Dacotahs sera ramenée au bercail: alors je vous parlerai la langue des prophètes que le Seigneur m'a enseignée.

— En selle ! donc, et partons.

Au même instant ils entendirent dans les feuillages le fracas d'un corps pesant qui roulait des hauteurs vers l'autre extrémité du cañon. Thomas mettait le pied à l'étrier : il se mit vivement en selle et, suivi de tous ses compagnons, courut vers le point où s'était produit le bruit étrange.

Au bout de quelques pas ils aperçurent le corps d'un Indien suspendu par ses vêtements à une pointe de rocher, à plus de cent pieds au-dessus du sol.

— C'est une de ces damnées Peaux-Rouges, s'écria Thomas, le ciel punit enfin ses crimes.

— N'essayons-nous pas de le sauver ? demanda quelqu'un.

— Il n'est pas permis à l'oint du Seigneur de s'arrêter à un être impur.

— Mais c'est un homme ; il va se broyer dans la chûte !

— Ce n'est qu'un Indien.

— Enfin ! le laisserez-vous dans cette position pitoyable ? Voyez, le dernier lambeau de son vêtement se déchire ; les pierres chancellent, il va tomber, grand Dieu ! ayez pitié de lui ! j'y cours ! !

— Non ! reste, homme de peu de foi ! je ne puis me résoudre à l'abandonner, je vais le délivrer ainsi qu'il est ordonné par le prophète Joseph.

Aussitôt prenant la carabine de son plus proche voisin, il ajusta le malheureux suspendu en l'air et fit feu.

La détonation réveilla mille échos dans le défilé sonore ; la balle siffla et rebondit sur les rochers. Quand la fumée de la poudre se fut dissipée, l'Indien avait disparu ; le roc auquel il était accroché, probablement ébranlé par le choc, roula sur la pente rapide et vint jusqu'aux pieds des Mormons.

— Les corbeaux trouveront pâture dans les précipices, dit froidement Thomas en rendant la carabine, sans faire la moindre attention à l'horreur manifestée par tous ses compagnons pour ce meurtre abominable.

— Maintenant, mes frères, n'oublions point la gloire du prophète, continua-t-il, hâtons-nous de délivrer la colombe que les vautours ravisseurs emportent dans leurs serres.

La petite troupe suivit dans un morne silence, terrifiée et émue d'un aussi sauvage attentat.

Au bout de quelques secondes de marche, ils virent surgir entre les feuillages un petit drapeau, puis un Indien apparut, et Thomas reconnut avec jubilation Aigle-Noir, après lequel il courait depuis le matin. Aussitôt il fit faire halte et courut à pied vers le sauvage.

— Mon frère a-t-il vu le corps d'un Indien tomber des rochers ? se hâta de demander l'astucieux Dacotah, désireux de recueillir un témoignage décisif d'Osse'o. Il voulait en outre lui rendre les honneurs des funérailles, afin de détourner complétement les soupçons que la tribu pouvait avoir conçus.

J'ai vu un Indien suspendu par un lambeau

de ces vêtements sur le précipice ; au moment où j'allais lui porter secours, il est tombé et s'est brisé sur les rochers.

Aigle-Noir ne pouvait soupçonner le mensonge indigne de Thomas ; après l'avoir épié d'un regard silencieux, il continua :

— C'était Osse'o des Dacotahs du Lac ; nous étions ensemble sur le bord d'un rocher : tout à coup le sol mouvant s'est dérobé sous ses pieds ; il est tombé avant que le bras étendu de son frère Aigle-Noir ait pu le retenir.

— Ah ! c'est malheureux !

— Il est au pays des chasses heureuses ; le léger canot qui sillonne la rivière noire a porté son ombre dans les prairies fleuries du grand Manitou.

— Qu'il y soit en paix ! Et maintenant..., la jeune fille ?

— Est-ce que mon frère pâle a lutté avec l'ours géant des montagnes ? répondit l'Indien qui se plaisait à voir l'anxiété du Mormon.

— Non, mon stupide cheval est tombé avec moi, voilà tout. Mais... la fille.

— Les sentiers escarpés des collines ne sont

point faits pour les guerriers blancs. Les hommes rouges, seuls, ont reçu du Manitou le droit d'y passer; leur pied est sûr, leurs chevaux n'y bronchent jamais.

— Bien, bien ! assez de paroles là-dessus. Avez-vous amené la jeune fille ainsi que vous l'avez promis ?

— L'homme blanc a-t-il apporté la poussière jaune qui est le Manitou de son peuple ? n'a-t-il point oublié l'or ?

— Je n'ai rien oublié. Livrez-moi la jeune fille et je paierai.

— Que mon frère me fasse un peu voir cet or; il a les rayons du soleil, son éclat me réjouit les yeux.

— Quand j'aurai vu la jeune fille.

— Regardez ! fit l'Indien en le conduisant sur une petite éminence, et en lui montrant une tente soigneusement fermée au milieu d'un petit vallon étroitement encaissé dans les rochers.

— Sûrement, c'est le Lys dans la vallée ! s'écria Thomas avec un attendrissement ridicule et plein de paillardise; elle s'avance sur un coursier plus blanc que le lait; elle est la joie de l'âme comme la rosée est la joie d'une terre aride semblable au cèdre du Liban, elle...

— Montrez l'or, interrompit Aigle-Noir.

Avec un soupir, Thomas sortit à moitié de sa poche des pièces d'or. Le cœur lui saignait de s'en dessaisir : mais le démon de la luxure l'emportait sur celui de l'avarice.

— La langue des Faces-Pâles est elle fourchue? ses yeux sont-ils obscurcis ? ses doigts ne savent-ils plus compter ? demanda l'Indien avec sauvagerie.

— Non, non ! tout est en règle.

Un sifflement retentit dans le vallon : Aigle-Noir coupa court à l'entretien.

— Mes frères m'appellent. Je veux les conduire hors de la montagne ; que l'homme pâle vienne avec moi ; il emmènera sa jeune femme dans son wigwam.

— Moi, la voir ! l'emmener ?

— Le chef rouge l'a dit.

— Bien ! Dacotah ! très-bien ! je vais avec vous ; votre peuple et le mien se donneront l'accolade fraternelle... je recevrai la jeune fille... nous offrirons au ciel et à la terre un touchant spectacle... la paix! l'amour! la joie! Chef, votre salaire sera doublé.

L'Indien lui avait déjà tourné le dos. Thomas le suivit avec ses compagnons. Bientôt la tribu rouge et la tribu blanche se trouvèrent en présence. La prétendue paix chantée par Thomas n'était guère qu'une neutralité armée.

— Ah! ah! voilà donc les loups du désert! grommelaient les Mormons.

— Voici les faux guerriers des Faces-Pâles, murmurait Aigle-Noir à ses compagnons; ils viennent chercher nos filles! mais nos couteaux sont bien aiguisés, nos tomahawks pesants, nos bras invincibles...!

Les Mormons étaient arrivés au galop; les sauvages les attendaient rangés en bataille, et les accueillirent par une décharge de flèches lancées en l'air; les blancs répondirent par une salve de mousqueterie: puis de part et d'autre on fit caracoler les chevaux comme dans un tournoi de chevalerie.

Feignant d'être emporté par sa monture, Thomas poussa jusqu'à côté d'Aigle-Noir qui se tenait sur ses gardes près d'Esther. Le Mormon rassasia ses yeux affamés de cette vue charmante et prenant soudain son parti, s'écria :

— Par le ciel ! voici la douce jeune fille qui fut si aimable et si bonne pour nous à Laramie. Sus aux Peaux-Rouges, enfants ! pas de quartier à cette race infernale.

En même temps il lâcha un coup de pistolet dans la figure d'Aigle-Noir, et l'étendit par terre.

Aussitôt une mêlée terrible s'engagea ; couteaux et pistolets se heurtèrent ; au cri de guerre des sauvages répondait le hurrah des Mormons : bientôt le sang et la fumée obscurcirent les yeux des combattants.

Cependant la victoire ne tarda pas à se décider en faveur des blancs, mieux armés et plus nombreux que leurs adversaires ; les Indiens battirent en retraite avec quelques morts et un grand nombre de blessés. Aigle-Noir avait reparu dans leurs rangs : il n'avait été qu'étourdi par le coup de pistolet, dont la balle avait seulement effleuré son front.

Thomas et lui se retrouvant face à face, eurent la même pensée : la prisonnière ! et coururent tous deux à sa recherche.

Mais le cheval blanc et la jolie jeune fille avaient disparu, il fut impossible d'en trouver les traces.

Les deux troupes se séparèrent en échangeant de sombres regards tout chargés de pensées de vengeance.

Leurs deux chefs — deux impudents larrons — se retirèrent la mort dans l'âme, ayant perdu leur proie, et rêvant de la reconquérir.

CHAPITRE XI

LE CAVALIER SOLITAIRE

Waltermyer, suivi de la petite caravane, arriva assez rapidement jusqu'au pied des montagnes ; mais là il fallut s'arrêter encore; les montures de ses compagnons étaient hors d'état d'aller plus loin.

Ce ne fut pas sans regret que l'infatigable chasseur se vit obligé de faire halte, lui dont le cheval franchissait sans s'arrêter, cent milles, du lever au coucher du soleil. Le sort d'Esther l'inquiétait vivement, qu'elle fût au pouvoir des Indiens ou au pouvoir des Mormons : ces derniers même lui paraissaient plus dangereux que les sauvages.

— Enlevez les selles, mes amis, et frictionnez vigoureusement vos chevaux; dit-il à voix basse;

un pansage soigné rafraîchit et repose ces pauvres bêtes presque autant que la bonne nourriture. Nous n'en marcherons que mieux ensuite.

— Croyez-vous, Waltermyer, qu'il nous reste quelque chance d'atteindre les ravisseurs ?

— C'est probable, fit le guide d'un air rêveur ; puis il continua après quelques instants de silence. — Dites-moi, vieux père aux cheveux blancs, vous qui devez savoir beaucoup de choses,... croyez-vous qu'un pauvre ignorant comme moi, un homme grossier et incivilisé, puisse après sa mort, aller là haut...?

Parlant ainsi il montrait le ciel du doigt.

— Dieu reçoit dans sa miséricorde tous les cœurs droits et honnêtes comme le vôtre, mon ami ; pourquoi cette question ?

— Elle s'appelle Esther, n'est-ce pas ?

— Oui ! ma pauvre, ma chère fille ?

— C'est bien cela... murmura Waltermyer avec un regard vague, pendant qu'une grosse larme tremblait au bord de sa paupière; Esther...! moi je l'appelais Est', ma petite Est'. Quand est venue la fonte des neiges, l'enfant a pâli, ses petits membres sont devenus faibles, son petit corps a maigri... bientôt elle n'a plus marché; je la portais dans mes bras au soleil pour la réchauffer; alors elle me remerciait d'un sourire, ne pouvant plus parler...: Ensuite je l'ai portée dans sa tombe, et pendant que les fossoyeurs jetaient de la terre sur elle, le prêtre me disait que c'était un ange envolé au ciel...

— Une enfant? pauvre homme ! vous avez perdu votre enfant ?

— Non ! c'était ma plus jeune sœur ; le dernier rejeton d'une famille qui s'éteindra avec moi dans le désert.... J'ai souvent cru entendre, au travers de la solitude, le son des cloches qui tintaient pour la pauvre petite créature... Et dans mes longues nuits silencieuses, alors que, couché sur la terre nue, je n'ai pour abri que cette grande couverture bleue qu'on nomme le ciel, il me semble voir tomber sur moi avec le rayon d'une étoile le regard azuré de l'enfant, il me semble entendre sa voix frêle et douce qui me disait : « A présent, dépose-moi sur le gazon, je m'y reposerai... » Oui... alors je m'inclinais pour la soutenir jusqu'à terre, et ses petites mains froides caressaient mes joues en signe de reconnaissance... Oh! ma pauvre petite Est' hélas!.. je suis seul maintenant!

Waltermyer se tût, la voix lui manquait. C'était un touchant spectacle de voir les larmes couler sur ces joues bronzées par tous les vents de la prairie.

Morse, ému de cette douleur si vraie et si naïve, ne put trouver une parole pour le consoler, et lui serra silencieusement la main ; tous deux restèrent longtemps absorbés dans leurs tristes pensées.

— Que devrons-nous faire après ce temps de repos? demanda enfin le vieillard, auquel les minutes paraissaient longues comme des siècles.

Waltermyer sembla sortir d'un songe profond.

— Pardonnez-moi, répondit-il avec un soupir, j'avais tout oublié; vous pourrez encore la retrouver, votre Esther... mais moi... jamais je ne reverrai ma petite Est'.

— Au ciel, ami! où elle vous attend! répliqua la voix grave et solennelle de Morse.

— Merci ! vous me demandez ce que nous allons faire ?

— Oui ! hâtons-nous, ami !

— Ami, oui ! maintenant, croyez-moi, ce que je vais vous dire est très-vrai. Vous ne pouvez poursuivre vos recherches plus longtemps.

— Moi, m'arrêter ? vous perdez la raison !

— Nullement, vieillard, nullement ; j'ai dit ce que je voulais dire. Vous êtes trop âgé pour soutenir une pareille épreuve. La nature humaine ne peut aller au delà de ses forces ; je connais ce que peut faire un cheval, je connais ce que peut faire un homme. Dans quelques heures la nuit descendra sur la terre, plus noire que le fond d'une caverne ; il faudra, pour marcher dans les sentiers de la montagne, avoir un pied et un œil exercés, sous peine de mort. Croyez-moi, arrêtez-vous ici, cessez de vous acharner à une poursuite impossible.

— Hélas ! vous ne dites que trop vrai : j'ai déjà senti mes forces s'affaiblir. Mais, ma fille, ma chère et malheureuse enfant sera donc perdue ?

— Qui vous dit cela ? ne m'avez-vous pas dit

que le Seigneur étend sa protection sur l'habitant des déserts aussi bien que sur celui des cités. Esther ne restera pas sans ami, quand ce ne serait qu'en souvenir de celle dont elle porte le nom.

— Mais que deviendrai-je, moi, pendant cette attente cruelle ?

— Vous coucherez ici avec votre troupe. Demain vous irez rejoindre Lemoine ; en deux heures vous aurez franchi la distance qui vous sépare de lui. Là vous attendrez tous de mes nouvelles.

— Mais, s'il vous arrivait malheur ?

— Malheur ? Étranger, je ne connais pas ce mot-là. Enfin, si dans trois jours vous ne me voyez pas revenir avec votre fille saine et sauve, envoyez Lemoine sur ma piste, et dites-lui de vous rapporter mes os.

— Pourquoi ne prendriez-vous pas deux ou trois hommes d'escorte ?

— Pas un : ils me gêneraient sans m'aider.

— Eh bien ! adieu, courageux ami, que le ciel vous guide ! Et si dans trois jours je ne vous vois pas revenir, je marcherai sur vos traces, et je ne m'arrêterai que quand je vous aurai retrouvé, vivant ou mort; à moins que je ne succombe moi-même.

Les deux amis se serrèrent la main avec émotion, et se quittèrent silencieusement.

Waltermyer ne tarda pas à arriver à l'entrée du cañon ou passage du Diable; là, il mit pied à terre, débarrassa son cheval de tout harnais autre que la bride, enveloppa ses pieds de mousse liée avec des lambeaux de couverture, afin d'amortir le bruit de ses pas, et se mit à gravir la montagne, marchant à pied, sondant le terrain sur lequel son fidèle compagnon devait s'aventurer à sa suite.

Bientôt le jour s'éteignit; une nuit profonde, épaissie par de lourds nuages, s'appesantit sur la terre : il devint impossible de rien distinguer à deux pas de distance.

— Il fait noir comme dans un trou de loutre, murmura le brave chasseur se parlant à lui-même; je pense aussi que tous ces reptiles se voient noirs comme nous, ami Star, continua-t-il en caressant l'encolure de son cheval. Ah!

je plains ceux qui sont obligés de voyager cette nuit... si la pauvre fille est dans les bois, je... Par le ciel! voilà l'orage qui se met de la partie! c'est cela! de larges gouttes me tombent lourdement sur la main. Ça va bien aller ! marchons doucement et soyons prudents, mon garçon!

Une traînée fulgurante d'éclairs et un immense coup de tonnerre déchirèrent les nuages : tout trembla dans la montagne. Le cheval et le cavalier ne purent maîtriser un mouvement de surprise.

Immédiatement une pluie diluvienne s'abattit sur les rochers qui, en quelques secondes, furent inondés et transformés en torrents furieux.

L'obscurité devint telle que Waltermyer fut obligé de sonder le terrain, pas à pas, avec la main, et d'avancer en tâtonnant comme un aveugle. Son cheval tout effrayé, et frissonnant, se collait contre lui, comprenant bien que son unique refuge était auprès de son maître.

Bientôt recommença le fracas de la foudre ; le vent se mit de la partie, et avec des gémissements terribles fit voler devant lui les feuilles, les branchages fracassés, les pierres même lancées des hautes cimes. Sous les élans convulsifs de la tempête, la terre tremblait; les gorges rocailleuses se renvoyaient en échos formidables la grande voix de l'ouragan; les rochers aigus envoyaient dans les airs de longs et sinistres sifflements ; sur toute la montagne roulait à flots précipités l'harmonie sauvage et immense du souffle foudroyant que Dieu, dans sa colère, envoie sur la terre.

Mais au milieu de cet effrayant cataclysme, Waltermyer, l'homme au cœur loyal et fort, n'avait pas peur : il suivait une route sainte ; il marchait au nom d'un vieillard, d'un père désolé ; il allait délivrer une innocente victime.

Courage! Waltermyer ! Dieu est avec toi ! Les éclairs servent de flambeaux à tes pas : la foudre assourdit l'oreille de tes ennemis, pour qu'ils ne t'entendent point : la pluie lave tes traces, nul ne pourra les reconnaître.

Courage, Waltermyer ! Dieu est avec toi !

CHAPITRE XII

UN GUIDE IMPRÉVU

L'infortunée Esther avait été garrottée sur la selle du cheval blanc d'Osse'o, de manière à n'avoir que les mains libres; elle ne pouvait, d'ailleurs, faire aucun mouvement, encore moins songer à s'enfuir, tant qu'Aigle-Noir se tenait en selle derrière elle.

Mais aussitôt que le chef Mormon eût abattu le sauvage d'un coup de pistolet, la courageuse fille, sans perdre une seconde, eut la présence d'esprit de lâcher les rênes à sa monture et de fuir au triple galop.

Dans la chaleur de l'action, personne ne s'aperçut de son évasion. Dès qu'elle fut à quelque distance elle s'arrêta auprès d'un rocher hérissé de cailloux tranchants à l'aide desquels elle parvint à rompre ses liens. Libre alors de ses mouvements, elle se dirigea vers la plaine, calculant avec beaucoup de justesse qu'elle avait des chances pour y rencontrer ses amis.

Son cheval, qui était réellement un noble coursier, l'emporta rapidement au travers des plus affreux défilés. En toute autre occasion, l'aspect seul de ces rocs escarpés surplombant de noirs précipices lui aurait donné le vertige et l'aurait arrêtée dans sa course. Mais, pour fuir la redoutable captivité à laquelle elle venait de se soustraire si miraculeusement, elle aurait traversé l'eau et le feu.

Sans cesse préoccupée de la crainte d'être poursuivie et reprise, elle prêtait une oreille inquiète et jetait des regards effarés en arrière. L'obscurité qui survint promptement, tout en lui donnant l'espoir de n'être pas vue, l'effraya vivement, car elle songea qu'elle n'y verrait plus à se conduire.

Quand l'orage éclata, la malheureuse fugitive était encore en plein bois dans la montagne ;

totalement désorientée au milieu des ténèbres, elle perdit courage, laissa les rênes tomber sur le cou du cheval, et se mit à pleurer, les mains jointes, adressant au ciel une prière ardente et désolée.

Puis, courbant la tête sous le grondement de la foudre, tremblante aux sinistres hurlements de l'orage, éblouie par les éclairs, elle laissa son cheval errer à l'aventure.

Les heures, — de longues heures d'agonie, — s'écoulèrent sans rien voir et rien entendre qui pût révéler l'approche d'un ennemi.

Tout à coup, à la lueur des feux du ciel, elle s'aperçut avec une indicible terreur qu'elle était suivie par un fantôme noirâtre... à plusieurs reprises la même vision terrible frappa ses regards ; elle n'en put douter, un Indien était sur sa piste.

Le cheval s'arrêta plusieurs fois ; à chaque station l'ennemi se rapprochait d'elle... la pauvre Esther se sentait mourir d'effroi.

Un torrent se présenta sur la route, le cheval hésita avant de le traverser ; à ce moment Esther sentit une main froide se poser sur son épaule.

Son cœur se glaça dans sa poitrine ; elle ferma les yeux.

— Oh ! s'écria-t-elle d'une voix mourante ; ne me touchez pas ! tuez-moi ! tuez-moi ! pour l'amour de Dieu !

Elle ne reçut aucune réponse : la main demeura immobile sur son épaule, mais sans user de violence.

A ce moment l'orage s'apaisait, avec lui s'enfuyait l'ombre, et les premières clartés de l'aurore commençaient à sourire dans le ciel.

Esther se hasarda à ouvrir les yeux, elle regarda ce fantôme terrible au pouvoir duquel elle venait de tomber... C'était Osse'o !

Osse'o qui, le sourire sur les lèvres, inclinait vers elle son noble et fin visage, Osse'o, le chef traîtreusement frappé, qui lui apparaissait vivant, faisait entendre sa voix harmonieuse et vibrante :

— L'enfant des Faces-Pâles est sauvée. Les gens du lac ont trouvé sa trace solitaire dans la montagne.

Sans y songer, Cœur-Droit lui avait parlé dans

l'idiome des Dacotahs, mais s'apercevant qu'elle ne le comprenait pas, il sourit et reprit sa phrase en français ; puis il continua :

— Pendant que l'orage envoyait sur la terre le souffle redoutable du Grand Manitou, Osse'o a aperçu dans la nuit obscure son cheval blanc qui passait, semblable au coursier qui transporte les guerriers dans la vallée noire de la mort. Osse'o l'a suivi avec joie.

— Mais je vous ai vu rouler dans le précipice ? reprit Esther en le considérant avec des yeux effarés.

— Le Grand Manitou qui donne des ailes à l'aigle peut soutenir dans l'air un de ses enfants : les chiens de la mort hurlaient, attendant mon sang dans les cavernes profondes. L'arête d'un rocher s'engagea dans mon vêtement, et me retint suspendu en l'air. — Un homme blanc, — blanc de peau mais non de cœur, — me tira un coup d'arme à feu ; la balle coupa mon vêtement, mais Osse'o est plus souple que la panthère, il se cramponna aux rochers glissants, et d'un bond, disparut dans une caverne.

—Dieu du ciel! est-il possible? un blanc a-t-il pu commettre une pareille horreur?

—Il y a des cœurs noirs et vils parmi les blancs comme parmi les Peaux-Rouges. Cet homme était le sachem du lac Salé.

—Le chef Mormon! Dieu merci, ce n'est pas un des nôtres!

—La course a été longue, la nuit froide, la jeune fille au teint de neige tremble comme une colombe qui aperçoit le faucon.

— Oui, je me sens glacée.

— Derrière ces arbres, il y a une grotte. Que la jeune fille y entre; Osse'o allumera du feu pour réchauffer ses membres et sécher ses petits pieds; là elle se reposera. Osse'o fera le guet pendant son sommeil.

— Mais qui donc êtes-vous?

— Un Dacotah!

— Et l'Aigle-Noir?

— Il ne retrouvera jamais la jeune fille. Qu'elle ne craigne point Osse'o, il ne lui fera aucun mal.

— Non... non! je n'ose point!

— La langue parle et le cœur est sincère.

— J'ai confiance en vous, car vous avez été bon pour moi... pourtant vous êtes un Indien..., un inconnu.

— Je suis un HOMME ! répondit noblement Osse'o en posant la main sur sa poitrine.

Alors il la prit par la main, et la conduisit dans la caverne.

Comme si les incertitudes et les méfiances de la jeune fille l'eussent choqué, il ne lui adressa plus la parole. Mais, après avoir promptement allumé un grand feu, il se hâta de préparer un lit de feuilles sèches que l'orage avait amassées à l'entrée de la grotte ; puis il improvisa un verre en écorce d'arbre et donna quelques gouttes d'eau fraîche à Esther que le frisson avait quittée, mais que la fièvre rendait brûlante ; enfin, tirant de sa gibecière des tranches de daim rôti et du grain bouilli dans du lait à la manière indienne, il déposa ces vivres à ses pieds et fit mine de se retirer.

— Je vais maintenant soigner mon cheval, dit-il.

Esther fondit en larmes, son pauvre cœur brisé se soulageait, elle lui dit avec effusion :

— Oh ! pardonnez-moi d'avoir douté de vous !
Les terreurs de cette affreuse nuit m'ont rendue
folle.

Un nuage passa sur les yeux d'Osse'o ; il se détourna brusquement et répondit avec dureté :

— Que la fille du chef pâle s'endorme bannissant de son esprit toute noire pensée. Elle reverra les wigwams errants de son peuple : mais auparavant il faut que le repos répare ses forces. L'homme du lac veillera auprès d'elle comme le ferait sa mère. Quand le soleil sera levé, quand les oiseaux, par leurs chants, adresseront une prière joyeuse au Grand Manitou, Osse'o la réveillera et sera son guide.

— Merci ! mille fois merci ! Oui ! me voilà bien heureuse ! mais mon père, mon pauvre cher père...!

— La joie reviendra dans son cœur. Dormez. Les herbes de la forêt sont douces comme les roses des jardins de l'est où les papillons d'or et les oiseaux chanteurs boivent la rosée dans des vases de soie. Dormez — *mademoiselle*, et que Wahka Tanka, l'esprit de l'air, de la terre et des cieux, vous envoie d'heureux songes. Dormez !

A ces mots l'Indien se retira. Esther contempla longtemps son profil noble et fier, sa taille élégante, qui se dessinaient à l'entrée de la grotte.

Par discrétion, l'inconnu tourna le dos à l'intérieur de la caverne et resta immobile comme une belle statue.

Le cœur de la jeune fille ne pouvait être insensible aux bons traitements d'Osse'o. Sa grâce hautaine, ses allures tour à tour empreintes de la rudesse sauvage et de la plus exquise civilisation, sa voix douce, son visage ouvert, et pourtant attristé par une inexplicable mélancolie, tout était mystère en lui...

... De ces mystères qui font rêver les jeunes filles...

Demi-couchée sur le lit odorant et moelleux que son sauveur avait dressé pour elle, Esther le contempla longtemps, perdue dans des pensées profondes, demi-tristes, demi-joyeuses, demi-inquiètes, demi-paisibles ; enfin, vaincue par la fatigue, elle se laissa aller dans son nid de mousse, ferma ses jolis yeux et s'endormit.

CHAPITRE XIII

PAUVRE WAUPEE!

Aigle-Noir, furieux d'avoir perdu sa prisonnière, fit, aussitôt après le combat, tous ses préparatifs pour la rechercher activement.

Néanmoins, il ne voulut pas se mettre en chasse sans avoir rempli un devoir sacré pour tout chef indien : il fit enterrer ses guerriers morts, pansa les blessés et les renvoya dans leur village sous l'escorte de quelques hommes valides.

Ensuite, accompagné de ses meilleurs chasseurs, il se lança dans la montagne, bien décidé à ravoir sa prisonnière morte ou vive.

Les premières traces furent faciles à retrouver ; mais bientôt l'orage éclata, et au lieu de découvrir la voie suivie par la fugitive, les sauvages furent hors d'état de poursuivre leur route.

Ce fut sur leur tête que la tempête s'abattit avec le plus de fureur. Le tonnerre tomba sur le plus jeune et le plus vaillant compagnon d'Aigle-Noir et le réduisit en cendres. Renversés par la commotion effroyable qui rayonnait autour de leur malheureux camarade, les Indiens tombèrent la face contre terre et demeurèrent immobiles, glacés par la pluie torrentielle, frémissants sous les coups redoublés des rafales, osant à peine échanger quelques paroles de découragement.

Quand l'orage se fut un peu calmé, la petite troupe épuisée de fatigue se réfugia sous un abri de rochers et, trouvant une place sèche, s'y arrêta pour prendre quelque repos.

N'ayant pu parvenir à allumer du feu, les sauvages essuyèrent autant que possible leurs corps ruisselants de pluie, ensuite, se serrant les uns contre les autres, ils se couchèrent et s'endormirent d'un bon sommeil.

Pendant qu'ils se préparaient au repos, si leurs yeux vigilants n'eussent été obscurcis par la fatigue et l'effroi, ils auraient pu voir une ombre, silencieuse, courbée vers la terre, marchant sur leurs traces avec la tenace sagacité du chien de chasse sur la piste du gibier.

L'ombre, couronnée d'une longue chevelure noire qui fouettait l'air, et dont les yeux lançaient aux éclairs des reflets sauvages, l'ombre arriva sans bruit au lieu de leur repos, et, avec ses mains froides comme des mains de spectres, tâta les corps étendus des dormeurs, sans les éveiller par ce contact insaisissable : on eût dit la mort triant et cherchant sa victime.

Quand elle eût passé en revue tous les guerriers, l'ombre arriva à Aigle-Noir ; un frémissement de satisfaction la fit tressaillir ; ses doigts froids et tremblants visitèrent en détail les vêtements et les armes du chef. Puis l'ombre se releva tenant élevé un large couteau qui brillait aux éclairs.

Le chef dormait présentant à découvert sa large poitrine bronzée : l'arme meurtrière s'abaissa sur lui...

— Non ! non ! non ! murmura la triste Waupee

en jetant au loin le poignard ; non ! Faucon-Blanc ne tuera pas Aigle-Noir. Le mari de Waupee est infidèle; il l'a laissée pour la fille pâle au teint de neige... Il a été méchant ! mais pourquoi Waupee serait-elle méchante ? quand le sang du chef aura taché ses mains, rien ne pourra les laver...! Qu'il vive ! et que Waupee meure !

Tout en murmurant lentement ces tristes paroles, la jeune Indienne s'était reculée lentement, attachant un long regard sur ce tyran si dur et pourtant toujours aimé.

Quand l'éloignement ne lui permit plus de le voir, elle saisit sa tête dans ses mains crispées et s'enfuit au hasard éclatant en sanglots.

Quelques heures après, le soleil glorieux réjouissait la montagne par ses premiers rayons ; tout souriait au ciel et dans les feuillages. Aigle-Noir joyeux et dispos réveillait ses compagnons, et revenus à leur nature indomptable, tous s'élançaient dans la montagne comme des loups affamés à la poursuite du daim blessé.

Il s'en fallut de peu qu'ils se rencontrassent avec Waltermyer qui, infatigable comme son bon cheval, n'avait cessé de marcher pendant toute la nuit.

Suivant son habitude, le trappeur causait tout seul.

— Mon brave Star ! de toutes les pistes que nous avons suivies ensemble, voilà bien la plus rude, n'est-ce pas? J'avais vu bien des orages dans la montagne, mais aucun ne valait celui-ci. Quels tonnerres ! quels coups de vents ! on aurait dit la fin du monde ! Comme elle a dû avoir froid, dans sa tombe, ma pauvre petite Est', lorsque cette pluie furieuse tombait sur elle.

Il s'interrompit un instant, perdu dans ses mélancoliques souvenirs : bientôt il revint à lui, et passa la main sur son front pour dissiper ces sombres pensées.

— Je connais des chevaux, mon brave Star, continua-t-il en s'adressant à son compagnon, comme si ce dernier avait pu lui répondre; je connais des chevaux qui ne voudraient pas marcher par une nuit si noire, ni grimper dans de tels chemins, — non, pour tout l'or du Shasta... Holà ! quelle cabriole est-ce çà !

Star venait de faire un haut-de-corps si brusque et si soudain que son excellent cavalier faillit être désarçonné.

Les regards vigilants de Waltermyer fouillèlèrent l'obscurité à la hâte, une forme noire se dessina vaguement dans les broussailles, à quelques pas devant lui.

Le fusil en joue, prêt à tirer, il se tient en observation :

— Par le ciel ! grommela-t-il, ce n'est pas un Indien ?... un loup, peut-être ?... ou un ours ?... non ! non !... Tonnerre ! qu'est-ce donc cela ?

Il sauta à bas de son cheval, et marcha sur l'apparition, le fusil en avant.

— Si vous êtes une créature humaine, parlez ! cria-t-il brusquement ; si c'est un ours ou un loup... mais non, continua-t-il en se parlant à lui-même, par un temps semblable la bête fauve et l'homme deviennent presque amis, je ne tirerai pas. Qu'elle passe son chemin, la créature, je n'ai pas besoin de gibier. — Pourtant... il y a quelque chose d'humain, là... ! serait-ce un esprit... ?

A ce mot, il passa ses mains sur sa tête pour

assurer son bonnet; il lui semblait que le frisson de la terreur faisait dresser ses cheveux.

Puis, peu soucieux d'approfondir le mystère, du moment qu'il paraissait surnaturel, il fit sentir l'éperon à son cheval pour la première fois de sa vie; le généreux coursier fit un bond et continua sa route.

— Oui! c'était un esprit..., murmura Waltermyer,... pauvre âme! quel triste sort! d'errer par des temps et dans des lieux semblables...! qui sait où elle va...?

Cependant, avec les premiers rayons du jour se dissipèrent peu à peu les sinistres préoccupations du brave chasseur. Le soleil se montra clair et brillant; bientôt, cheval et cavalier réchauffés et réjouis sentirent une nouvelle ardeur les ranimer.

D'épais brouillards blancs s'élevaient de la plaine; leur surface onduleuse couvrit entièrement la prairie, séparant ainsi la montagne des rases terres comme si une immense mer argentée eût soulevé ses flots jusqu'à la hauteur des rochers. Perdu dans une île aérienne, ayant sous ses pieds les nuages floconneux, sur sa tête l'azur étincelant, Waltermyer respira d'aise; ses longues fatigues, son infatigable persévérance allaient être récompensées.

Tout à coup, au travers d'une éclaircie, il entrevit sur l'extrême pointe d'un roc, le même objet qui l'avait si mystérieusement effrayé tout à l'heure.

C'était décidément une créature humaine; elle se trouvait dans la plus dangereuse position qu'on pût imaginer : encore un pas, un seul mouvement ! elle tombait dans un affreux précipice.

Waltermyer lança son cheval au galop en criant :

— Holà, hé ! prenez garde ! pas par là ! arrêtez, au nom du ciel, arrêtez !

Il arriva juste à temps pour la retenir par ses vêtements, au moment où elle se jetait dans l'abîme.

— Ah ! une femme ! dit-il, pensant qu'il venait de trouver Esther; psahw...! ce n'est qu'une squaw indienne...! ajouta-t-il en l'examinant; elle est jolie, ma foi !... pauvre misérable, comme elle est mouillée, échevelée, souillée de boue !

Comme une biche effarouchée, la femme sauvage jeta autour d'elle des regards égarés, puis elle essaya de s'échapper, gardant toujours un farouche silence.

Mais le trappeur la retenait d'une main d'acier, il écarta doucement sa chevelure noire qui ruisselait sur son visage, et la fit asseoir à côté de lui.

— Allons, ma bonne femme ! dit-il ne sachant trop de quelle manière entamer la conversation, il ne faut plus songer à faire un pareil saut, je vais vous emmener à quelque distance sur mon bon cheval, et quand vous serez reposée, je vous conduirai chez vous.

— Waupee n'a pas de maison, répondit-elle sombrement.

— Pas de maison...? ah ! oui, j'en puis dire autant. Nous logeons tous deux sous le ciel, dans les bois, dans la plaine ; mais enfin je vous ramènerai dans votre tribu...

— Waupee ne veut pas revoir sa tribu.

— Oh ! oh ! ceci est sauvage ! et pourquoi ?

— Il y a une lune, la lumière régnait dans son

wigwam ; aujourd'hui tout y est sombre. Waupee voulait se livrer à l'ange de la mort, lorsque la Face-Pâle l'a retenue, elle la remercie ;... une fois déjà, dans la nuit, elle avait vu l'homme blanc·

— Moi? vous m'avez aperçu?

— Waupee se glissait comme un serpent dans les broussailles du sentier.

— Ah ! c'était vous! j'avais cru avoir affaire à un esprit.

— Elle avait dans le cœur des pensées rouges comme le sang ; elle cherchait son mari, pour mourir ensuite, car il la force à mourir.

— L'infernale brute !

— Elle l'a trouvé endormi sur la colline, son couteau s'est levé sur lui.

— Vous l'avez frappé...?

— Non, Waupee l'a bien aimé.

— Pauvre femme! vous avez été heureuse peu de temps avec lui ; ensuite il vous a chassée?

— Oui, — le méchant ! — à présent pourquoi vivrait-elle? plus de mari, plus de tribu, plus rien ! Elle doit mourir.

— Comment ce double traître a-t-il pu se décider à renvoyer une jolie femme comme vous?

L'innocente flatterie du chasseur décida l'Indienne à devenir communicative.

— Il a vu une femme au teint de neige ; il l'a enlevée pour la conduire à son wigwam et...

— Un moment, s'il vous plaît ! Une fille blanche ?

— Belle comme les fleurs du printemps ; avec des cheveux blonds comme la soie qui flotte autour du maïs en automne, des yeux bleus comme le ciel, des joues comme les roses de la prairie, des lèvres rouges comme les fruits du Sumac, une voix douce comme le murmure d'un ruisseau dans le désert.

— Et où se trouve-t-elle maintenant ?

Peu à peu Waupee lui raconta tout ce qu'elle savait sur Esther ; mais ses souvenirs n'allaient pas plus loin que la bataille avec les Mormons, elle ignorait les événements survenus depuis.

Quand son récit fut terminé, Waltermyer recommença ses questions :

— Et comment nommez-vous ce coquin voleur de fille ?

— Les Dacotahs l'appellent Aigle-Noir.

— Démon noir !! oui ! je le connais, le scélérat; son âme est plus noire encore que son nom : il a tué et pillé plus de malheureux émigrants, qu'il n'a de cheveux sur la tête: mais enfin, il est Peau-Rouge ; je suppose que c'est dans sa nature. Quant à ce gueux de Thomas, son compte est bon ; à la première occasion je le traiterai comme un buffle ou un grizzly, si ce que vous me dites est vrai.

— La langue de Waupee a suivi la voie de la vérité.

— Je vous crois, ma fille ; maintenant essuyez vos yeux et ne songez plus à ce serpent de Dacotah.

— Le guerrier pâle sait tout ce que pouvait lui apprendre la pauvre squaw; il va suivre la piste et le Grand Manitou lui sourira. Waupee n'oubliera jamais combien il a été bon pour elle. A présent elle s'en va.

— Et où ? tonnerre ! où irez-vous, pauvre abandonnée ?

— Le Manitou dirigera mes mocassins.

— Mais vous dites que vous n'avez plus ni maison ni tribu.

— Waupee se réfugiera dans les cavernes de la montagne, elle attendra patiemment que l'ange de la mort vienne la chercher.

— Si vous faites cela, je veux être...! oh! pauvre petite Est'!

— Où pourrais-je aller ?

— Eh, donc ! avec moi.

— Les chefs des Faces-Pâles riront de leur frère quand ils le verront avec une femme des Dacotahs.

— C'est bien le dernier de mes soucis : j'ai de bonnes épaules, elles ne ploieront pas sous un sourire.

— Mais ils jetteront un regard méprisant sur Waupee, ils riront d'elle, et l'insulte lui brisera le cœur.

— Vous les laisserez faire sans vous en inquiéter. Et ceux qui en diront trop... Kirk Waltermyer se chargera de leur donner une leçon dont ils se souviendront plus longtemps que de ce qu'ils ont appris à l'école.

— L'homme blanc est trop bon ; la fille des Dacotahs ne veut pas qu'on l'insulte à cause d'elle.

— Écoutez, femme ! je respecte vos scrupules, mais je ne partirai pas sans vous. Et si vous vous mettez dans la tête de rester ici, je plante ma tente ici, et nous nous y installons avec Star.

— L'homme blanc a-t-il réfléchi à ce que dira son peuple ?

— Mon peuple ! Dieu le bénisse ! je n'ai pas plus de peuple que vous ; même pas de famille...! Tranquillisez-vous donc sur ce point comme une brave fille et venez avec Kirk Waltermyer. Vous verrez que c'est un ami qui vaut bien tous vos gredins rouges.

— Waupee ira avec l'homme blanc, mais plus tard.

— Oui ; je suppose qu'il se passera du temps avant que vous trouviez un asile dans ces montagnes désolées. Ici, Star !

Le bon cheval vint aussitôt se présenter au harnais ; quand il fut sellé et bridé, Waltermyer saisit lestement la taille frêle de Waupee et l'enlevant de terre avant qu'elle se fût doutée de son intention, il la plaça délicatement sur le devant de la selle; puis il sauta à cheval, passa un de ses bras autour d'elle pour l'empêcher de tomber, et se mit en route.

Une vive rougeur colora le visage et les épaules de la jeune Indienne lorsqu'elle se vit auprès de Waltermyer. Mais les craintes modestes et l'embarras de Waupee se dissipèrent en lisant sur l'honnête visage de son sauveur l'expression de bonté et de loyauté qui était le reflet de son cœur.

— Bon ! dit-il joyeusement, vous voilà équipée comme une princesse; — je le pense du moins, car je n'en ai jamais vu, — je suis content que vous n'alliez pas à pied pendant que je suis à cheval. Je sais bien que les *braves* de votre race aiment à se prélasser sur leurs selles, pendant que leurs pauvres femmes marchent derrière eux, épuisées de fatigue; mais c'est une honte, même pour des sauvages. Jamais Kirk Waltermyer n'en usera ainsi avec aucune femme.

— Quand le Visage-Pâle sera fatigué, je marcherai.

— Fatigué ! moi, fatigué ! voilà qui est fort ! jamais je n'avais entendu parler de ça...

— Mais le cheval doit être las : le voyage a été rude par cette nuit de tempête.

— Mon cheval, las ! voilà qui est encore plus fort ! Quand arrivera cette étrange aventure que Star soit las, je vous prendrai sur un bras, lui sur un autre, et je vous porterai tous deux.

CHAPITRE XIV

TRIBULATIONS D'UN PROPHÈTE

Le chef Mormon, après la bataille avec les Indiens, fut en butte aux amères récriminations de ses compagnons. Heureusement pour lui, aucun blanc n'avait été tué, sans quoi son caractère prétendu sacré ne l'aurait point préservé d'un châtiment sévère.

— Vous avez tenu une étrange conduite, Thomas, lui dit fort irrespectueusement un de ses fidèles. Que signifie ce vagabondage au travers des rochers pour délivrer une fille que personne ne connaît ?

— Mais, entendez-moi, mon frère...

— Je ne veux rien entendre, car je ne croirai

plus un seul mot de ce que vous me direz, et ce sera le meilleur parti à prendre. Je ne marcherai plus avec vous, c'est fini.

— Mais songez donc à cette pauvre fille.

— Je songe à ma femme et à mes petits enfants.

— Vous feriez mieux d'en prendre soin d'une autre manière. Des calamités bien lourdes s'appesantiront sur la tête de quiconque désobéit au prophète du Seigneur.

— Eh bien ! allez vous fusiller avec qui vous voudrez. Moi, je ne vais plus avec un homme qui fait métier d'enlever les jeunes filles, et d'assassiner les malheureux, comme tout à l'heure.

— Allons enfants ! qui m'aime me suive !

Toute la bande se rangea du côté du dissident, et tourna bride laissant le « vénérable » seul au milieu des montagnes.

Aveuglé par la passion, l'obstiné aventurier regagna le théâtre de la bataille et s'acharna à rechercher les sauvages, jusqu'à ce que la nuit et l'orage vinssent faire à ses idées une diversion fort désagréable.

Le lendemain, de grand matin, il poursuivit sa

route jusqu'à un pic escarpé d'où il dominait toute la plaine. Aux premiers rayons du soleil levant il put voir défiler, bien loin, dans la prairie « son peuple, sa poule aux œufs d'or » qui cherchait fortune, et lui échappait pour toujours.

Saisi de rage, le Mormon fit rudement sentir l'éperon à son cheval qui s'emporta et bondit au hasard dans les taillis fourrés. Cette course désordonnée le conduisit dans une gorge plus sauvage, s'il eût été possible, que le reste de la montagne, et se terminant à une sorte d'impasse au bout de laquelle était le précipice.

Au moment où il parvenait à grand'peine à maîtriser sa monture, le Mormon entend tout près de lui, dans les broussailles, un grognement formidable suivi de grincement de dents : un grand loup noir, maigre, affamé, aux yeux étincelants, s'approchait en rampant pour sauter à la gorge du cheval.

Thomas sortit vivement un pistolet de ses fontes, et fit feu sur le loup : la bête fauve s'enfuit en hurlant, traînant derrière elle une cuisse cassée.

Mais, ce danger évité, Thomas tomba dans un

plus profond péril: son cheval excité par les mauvais traitements, effrayé par le loup, devint furieux au bruit du coup de feu, et se lança à corps perdu, droit vers le précipice. Après avoir rompu les rênes, dans un effort désespéré pour le retenir, Thomas n'eût que le temps de se jeter hors de la selle; il alla rouler au milieu des buissons, pendant que le cheval tombait et se brisait dans les profondeurs de l'abîme.

Le « vénérable » couvert de contusions, déchiré par les épines, se releva péniblement; s'étant traîné avec peine sur un banc de mousse, il resta longtemps immobile, la tête dans ses mains, se sentant envahir par le désespoir.

La position assurément était délicate; il n'avait d'autre arme à feu que son pistolet. Sans vivres, sans provisions d'aucune sorte, il ne pouvait espérer de salut que s'il venait à rencontrer les sauvages; autrement il en serait réduit à mourir de faim ou à se poignarder avec son couteau de chasse.

Il fit toutes ces désobligeantes réflexions et bien d'autres encore; puis, écrasé de fatigue, de douleur, de regrets et de craintes, il s'endormit d'un sommeil tout semblable à un évanouissement.

A peu près au moment où l'un de ses persécuteurs sentait l'assoupissement, précurseur de la mort, s'appesantir sur lui, Esther, après un doux repos, se réveillait fraîche et heureuse, toujours protégée par le fidèle et loyal Osse'o.

En l'entendant se lever, le jeune homme rentra dans la grotte :

— La sœur de la Face-Pâle a-t-elle eu un bon sommeil ?

— Oui, merci ! oh ! combien j'ai à vous remercier. Et vous ?

— Quand les jeunes filles dorment les guerriers veillent.

— Mais vous vous êtes dépouillé de votre manteau pour m'abriter : vous êtes trop bon pour moi.

— L'homme rouge est accoutumé au souffle de la nuit ; le froid de la montagne lui est indifférent, répondit-il en s'occupant des préparatifs du déjeuner.

La vie active et agitée qu'avait menée Esther, l'air vif des montagnes, et, par-dessus tout, la tranquillité d'esprit dont elle avait un si grand besoin, avait éveillé en elle un appétit triomphant qui lui fit trouver délicieux le repas qu'Osse'o lui avait improvisé. Elle se rappela longtemps ce festin rustique étalé sur des feuilles et des écorces d'arbre ; jamais dîner somptueux, chef-d'œuvre de l'art culinaire, servi dans l'or et le cristal, ne lui parut aussi exquis.

Osse'o souriait avec bonheur en la voyant manger à belles dents blanches.

Quand le régal fut terminé, il s'adossa contre les parois de la grotte, et demanda à la jeune fille le récit de sa captivité.

En entendant ces détails touchants, il demeura en apparence impassible comme le granit contre lequel il s'appuyait, mais les éclairs de ses yeux, le frémissement de ses narines, sa respiration tumultueuse trahirent plus d'une fois sa vive émotion.

Quand Esther eut terminé sa narration, il songea à se mettre en route :

— Le soleil est chaud, dit-il, les ruisseaux sont rentrés dans leur lit, les feuillages sont secs, Osse'o connaît la route de l'homme-blanc.

— Je crains que mon pauvre père n'ait pu poursuivre sa marche.

— Le chemin de ma sœur vers les wigwams errants de son peuple doit être aussi droit que le vol du corbeau. Quand elle sera en sûreté, Osse'o lui trouvera son père ou mourra en le cherchant.

— Vous, mourir? oh non! vous avez été si bon pour moi! vous avez été meilleur qu'un frère! Dieu vous préserve de tout danger!

— Notre course sera longue et pénible; quand la fille des Faces-Pâles sera prête, nous partirons.

— Je suis prête: partons à l'instant même: je n'ai pas peur.

A ces mots elle plaça sa petite main dans la forte main du guerrier, en souriant du contraste qu'il y avait entre elles.

L'Indien la retint une seconde, et fit un mouvement pour la porter à ses lèvres; mais, d'un air grave, il réprima cette tentation innocente et laissant retomber doucement le bras de la jeune fille, il se dirigea vers son cheval, qu'il harnacha promptement.

Puis, à l'aide de son genou qu'il lui offrit en guise d'étrier, Esther sauta en selle, et Osse'o mena le cheval par la bride.

Pendant la route, l'Indien, toujours avec la même réserve, lui prodigua les soins les plus délicats; l'encourageant ou la rassurant de sa voix harmonieuse, lui offrant l'appui de son bras, retenant sa monture pour prévenir le moindre faux pas.

Esther, heureuse et reconnaissante, se sentait profondément touchée: à chaque occasion ses yeux ingénus remerciaient éloquemment le jeune chef.

— Voyez, lui dit Osse'o s'arrêtant pour laisser respirer son cheval, et lui montrant des points blancs groupés sur le bord de la prairie; voyez là-bas dans la plaine, les wagons de votre père; c'est là qu'il a établi son camp.

— Oh! si près! courons donc vite! chaque moment est pour moi un siècle, jusqu'à ce que je sois auprès de mon cher, de mon tendre père.

— Ils sont plus loin que vous ne croyez. La toute se replie comme un serpent autour de la montagne ; ce bon cheval a besoin de repos. A une portée de flèche je connais un large et haut cocher, seul au sommet de la colline ; nous allons y allumer du feu pour le repas, et y prendre du repos ; ensuite Osse'o guidera la jeune fille vers son père.

Sans attendre une réponse, il dirigea rapidement son cheval vers le lieu désigné qui était admirablement choisi pour camper à l'abri de toute surprise : car, semblable à un petit fort, il commandait les environs, et n'était accessible que par un étroit sentier.

Le cheval ayant été débarrassé de ses harnais, on se mit à ramasser des broussailles sèches pour allumer le feu. Esther, fatiguée d'être restée longtemps à cheval et désireuse de faire de l'exercice, aidait gentiment Osse'o dans ce travail, lorsqu'ils entendirent résonner le pas d'un cheval dans le sentier rocailleux.

La jeune fille courut se blottir dans un buisson. Osse'o saisit ses armes à la hâte, prêt à la défendre intrépidement. Bientôt, au bruit qui les avait alarmés se joignit une voix sonore et hardie :

— Allons, mon vieux camarade ! disait-elle, ne va pas t'endormir, encore une demi-douzaine de pas et nous serons au sommet. Ouf ! la course a été rude et longue : c'est égal, marchons !

A ce moment, celui qui parlait ainsi apparut à la surface du rocher. Tout à coup, changeant de ton et d'allure, il épaula son fusil et s'écria :

— Eh ! n'est-ce pas là un de ces damnés Peaux-Rouges ? si, au moins, c'était ce gueux d'Aigle-Noir il se passerait quelque chose de drôle !... mais, par le tonnerre ! je connais ce cheval ! lui seul peut se comparer à Star. Eh ! là haut ! montrez votre main, étranger : ami ou ennemi ?

L'Indien abaissa son fusil, et éleva la main, la paume en avant, en signe d'amitié.

— Si vous êtes le vrai maître de ce cheval vous êtes Osse'o.

— Et vous Waltermyer.

— Juste comme un coup de carabine. Votre

main, vieux compère ! allons Waupee, sautez en bas, c'est un ami : tout va bien, il me semble. Mais, dites donc, Osse'o, que diable faites-vous ici ?

— Que mon frère soit patient et regarde, répondit l'Indien en faisant sortir Esther de sa cachette, après lui avoir dit deux mots d'explication.

Waltermyer ne fit qu'un saut jusqu'à elle, saisit sa main, et, la secouant avec enthousiasme, s'écria d'une voix de clairon :

— Un mot ! un seul mot ! bonté du ciel ! dites-moi que vous vous nommez Esther, et je serai heureux à souhait.

— Certainement c'est mon nom. Pourquoi me le demandez-vous ?

— Venez ici, Waupee ! continua-t-il, enlevant comme une enfant la jeune Indienne de son cheval et la portant jusqu'à côté d'Esther : là ! vous voilà retrouvées ! maintenant causez, pauvres enfants.

Les deux femmes s'embrassèrent avec une joyeuse surprise pendant que l'heureux trappeur riant d'un œil, pleurant de l'autre, débridait son cheval et lui prodiguait ses soins.

— Ah ! triple chance ! mon brave Osse'o ; je sais toute l'histoire ; seulement je ne comprends pas que vous soyez arrivé avant moi. Jeunes filles, n'y a-t-il rien à manger par ici ? Je suis affamé comme un ours au printemps : en outre il faut que je sois dans la prairie avant le soleil couché.

On s'empressa auprès de lui ; en quelques instants le repas fut prêt, et les quatre amis mangèrent joyeusement échangeant de joyeux propos.

Il était écrit que leur tranquillité serait encore troublée : le pas d'un cheval résonna bruyamment à quelque distance.

— Tonnerre ! qu'est-ce encore ? murmura Waltermyer, sautant sur ses pieds, le fusil à la main.

— Le Mormon ! dit Osse'o.

— Aigle-Noir ! ajouta Waupee qui entraîna aussitôt Esther dans le fourré.

— Deux démons ! reprit Waltermyer.

Il plaça ses pistolets tout armés à sa ceinture, et conduisit son cheval à l'abri derrière un rocher.

Osse'o n'avait pas dit un mot; les lèvres serrées, il alla ranger son cheval à côté de Star, puis il se plaça près de Waltermyer, et tous deux attendirent en silence.

Deux minutes après, Aigle-Noir arrivait d'un côté, et Thomas de l'autre, sur un petit plateau inférieur à celui qui servait d'abri à nos quatre amis.

CHAPITRE XV

UN DUEL AU DÉSERT

Le sauvage et le Mormon se trouvèrent donc en présence, à peu près égaux en force, sauf que l'Indien avait l'avantage d'être à cheval.

Il poussa sa monture avec une indifférence affectée, si près de Thomas, que celui-ci fut rudement heurté, et faillit être foulé aux pieds par l'animal demi-sauvage.

— Où est la jeune Face-Pâle ? demanda-t-il en secouant sa tête empanachée, et accompagnant ses paroles d'un mauvais sourire.

— C'est précisément la question que j'allais vous faire, répliqua Thomas.

— Lorsque les guerriers blancs, après avoir

rampé comme des serpents parmi nos braves, les ont fusillés, elle s'est échappée.

— C'est bien ! elle est perdue ; mais pas pour vous... car je l'ai assez payée. Vous savez où elle est ; indiquez-moi sa retraite ou rendez-moi mon or.

— Le Visage-Pâle pense que l'Aigle-Noir est fou.

— C'est moi qui l'ai été... fou, de me fier à un Indien !

— En quoi avez-vous été trompé ? Vous avez donné de l'or au Dacotah, il a enlevé la fille des bras de son père ; il l'a emmenée sous la garde de ses guerriers, jusque dans la montagne ; Aigle-Noir avait pris l'oiseau, pourquoi n'avez-vous pas su le conserver ?

— Belle question, sur mon âme ! Comment l'aurais-je conservé, puisque vos hommes se sont battus comme des diables pour m'empêcher de le prendre !

— Le Visage-Pâle veut-il remettre au Dacotah le restant de l'or qui lui est dû ?

— Quel or ? quelle dette ? cormoran !

—Vous aviez promis de donner une poigné d'or, quand la femme blanche aurait été amenée ici.

— Oui, mais vous m'avez trompé, vous la cachez à mes recherches.

— Qui parle de tromperie... ? n'est-ce pas le Visage-Pâle qui a été menteur auprès des Dacotahs et auprès de son peuple. Les guerriers rouges sont irrités, leurs blessures sont saignantes ; l'homme blanc sera mal reçu dans les wigwams des Dacotahs.

— Je m'en inquiète peu ! ou rendez-moi l'or, ou livrez-moi la fille !

— L'or que l'homme blanc réclame est caché dans un lieu où aucun œil, excepté celui d'Aigle-Noir, ne saurait le trouver. Si le faux Sachem du lac Salé veut la jeune fille à peau de neige, qu'il la cherche.

La scène commençait à s'échauffer et devenait dramatique. Il était évident que, des paroles, les deux interlocuteurs passeraient aux voies de fait : la partie était d'autant plus dangereuse pour le Mormon que le sauvage convoitait ses dépouilles.

Waltermyer et Osse'o, serrés l'un contre l'autre, faisant face à l'unique sentier par où pouvait arriver l'ennemi, considéraient ce spectacle avec une tranquillité parfaite.

Mais les deux femmes étaient épouvantées : Esther cherchant à s'enfoncer plus profondément sous son abri de feuillage ; Waupee debout, pâle, haletante, regardant avec ses grands yeux brillants.

La terreur d'Esther devint telle, qu'elle se leva et voulut courir plus loin chercher un autre refuge ; dans ce mouvement, elle se blessa le pied contre un caillou tranchant et poussa un cri.

Le Mormon et l'Indien reconnurent sa voix et tressaillirent.

— Hors de mon chemin, traître ! hurla Thomas exaspéré.

— Que le Visage-Pâle disparaisse ! le sang des Dacotahs crie vengeance. La terre a soif du sang de l'homme blanc.

Waltermyer fut obligé d'employer la force pour empêcher Osse'o d'intervenir.

— Laissez-les donc faire, dit-il, l'occasion est

trop belle de voir ces deux reptiles s'entre-tuer. C'est un loup et un ours qui vont se battre, rien de plus.

Le Mormon s'élança vers l'Indien pour le saisir par la jambe ; celui-ci fit bondir son cheval de côté, tendit son arc et y plaça une flèche.

— Meurs donc ! brute ! vociféra le Mormon, en lâchant un coup de revolver.

Le cheval d'Aigle-Noir tomba comme une masse inerte ; la balle destinée au cavalier l'avait frappé au cœur.

— Par le ciel ! s'écria Waltermyer oubliant sa prudence habituelle, je ne supporterai pas cela ! voilà un noble animal tué par un lâche qui ne le valait pas.

Il fallut, cette fois, qu'Osse'o s'efforçât de calmer le brave trappeur qui voulait brûler la cervelle au Mormon.

L'agile sauvage se releva prompt comme l'éclair ; en tombant il avait riposté au coup de feu par une flèche qui avait manqué son but.

Pendant quelques secondes ce fut un échange de flèches et de coups de revolver : le sang coula, mais aucune blessure ne fut mortelle. Bientôt le pistolet fut entièrement déchargé, mais la dernière balle avait brisé l'arc; les combattants reprirent haleine avant de s'attaquer corps à corps.

Soudain le sauvage lança furieusement son tomahawk à la tête du Mormon : celui-ci se baissa, l'arme passa en sifflant et alla se briser derrière lui sur un rocher.

Thomas avait encore son pistolet déchargé, Aigle-Noir son couteau ; ils se préparèrent à une lutte désespérée.

— Ah! ça va chauffer, murmura Waltermyer ; ils vont se déchirer comme deux chats sauvages.

— Mais, il s'agit de deux existences d'hommes, observa Esther tremblante.

— Des hommes, ça...! pensez un peu à ce qu'ils voulaient faire de vous si vous n'eussiez échappé à leurs griffes.

— Oh! c'est horrible! reprit Esther convulsivement.

— Pshaw! il n'y a pas à en faire plus de cas que de deux coyotes galeux.

Les deux combattants s'entre-choquèrent, poing contre poing; ils se portèrent rapidement plusieurs coups terribles qui furent parés de part et d'autre. A la fin, la lame du couteau se brisa sur le canon du pistolet, qui, du choc, fut lancé à dix pas. Les adversaires se retrouvèrent en présence, munis des seules armes de la nature.

Après une longue et affreuse étreinte, le sauvage se releva seul, chancelant, ensanglanté, laissant son ennemi couché sans mouvement par terre. Il recula jusqu'à l'endroit où était tombé son couteau brisé, et le chercha à tâtons, car ses yeux demi-éteints ne voyaient plus. Quand il fut parvenu à saisir un tronçon de son arme, un épouvantable sourire crispa ses lèvres violettes et tuméfiées; alors il rampa sur ses genoux jusqu'auprès du Mormon, rassembla dans ses mains sa longue chevelure et apprêta son couteau.

Esther renversa la tête en fermant les yeux avec un mouvement d'horreur; Osse'o se cacha involontairement le visage avec ses deux mains; Waltermyer, rejetant toute contrainte, courut en criant :

— Par la lumière du ciel ! tu ne le scalperas pas ! tout méchant et maudit reptile qu'il fût, c'était un blanc, tu ne le mutileras pas !

Mais, quelque prompt que fut l'élan de Waltermyer, Osse'o le devança suivi de près par Waupee : Esther resta seule.

Aigle-Noir les entendit ; laissant là le Mormon, il saisit une flèche et s'élança vers le précipice. Waupee, avec un cri passionné, bondit comme une panthère pour retenir le malheureux qu'elle aimait toujours ; Osse'o étendait les bras dans le même but : il n'était plus temps. Le monstre leur fit face et lança contre eux sa flèche avec une dextérité fatale, au même instant il se renversait dans l'abîme en chantant d'une voix implacable le chant de mort des Dacotahs.

Waltermyer, occupé à examiner le corps du Mormon, pour voir s'il vivait encore, n'avait point aperçu cette dernière scène.

— Oui, oui ! se dit-il à lui-même, il est mort, le malheureux ; pendant sa vie il ne valut rien et il fut la honte des hommes blancs. Cependant, j'ai quelque regret de n'avoir rien fait pour le sauver. Enfin je lui ai épargné d'être scalpé, c'est bien déjà quelque chose ; et j'aurai soin de lui creuser une tombe afin que les loups — ses frères — ne le dévorent pas. Osse'o ! où êtes-vous donc, l'ami ?

Waltermyer tressaillit en entendant ce dernier lui répondre d'une voix rauque et altérée. Il se retourna et vit l'Indien se soutenant à peine, les yeux voilés, le visage pâle, se tenant le côté à deux mains comme pour comprimer une vive souffrance.

— Ah ! Seigneur ! qu'avez-vous ? demanda le trappeur en courant à lui.

— Rien ! rien ! n'en parlez pas à la sœur des Faces-Pâles, murmura Osse'o.

Et il tomba dans les bras de Waltermyer.

— Par le ciel ! il a une flèche plantée dans le flanc.

A cette exclamation, Esther poussa un grand cri, et vint tomber à genoux près du blessé. Waupee, avec un sang-froid et une adresse tout indiens, s'occupait déjà d'écarter les vêtements pour visiter la plaie.

12.

— Laissez! laissez! gémit le blessé; laissez-moi mourir.

— Ah! par exemple! c'est ce que nous verrons! répondit Waltermyer en l'emportant avec tendresse jusque sur un banc de mousse. — Mais que vois-je? c'est un homme blanc! ajouta-t-il, en considérant la poitrine d'Osse'o : blanc comme vous, jeune fille, voyez plutôt.

Esther hasarda un timide regard et couvrit de ses deux mains ses yeux troublés par les larmes : une émotion étrange s'empara d'elle lorsqu'elle apprit que son sauveur était un homme de sa race. Oh! alors, n'osant pas l'approcher, quelles ferventes prières elle adressa pour lui au ciel!

Waupee retira délicatement la flèche et étancha le sang.

— C'est une flèche de chasse qui n'est pas empoisonnée, observa Waltermyer après l'avoir examinée.

Au bout de quelques instants, Esther, jalouse de donner aussi quelques soins au cher blessé, essaya d'aider à panser la blessure.

— Laissez faire la fille des Dacotahs, dit Waupeo en la repoussant avec douceur ; elle connaît la médecine de son peuple ; la main de la jeune Face-Pâle est tremblante comme une feuille agitée par le vent, son cœur est plus faible que celui d'une colombe.

— Mais survivra-t-il ?

— La vie est un bienfait du Grand Manitou !

— N'ayez donc pas peur ! ne troublez pas ainsi votre petit cœur, charmante Beauté ! dit Waltermyer ; il guérira, je vous en réponds, moi.

Le pansement terminé, au moyen d'herbes médicinales que Waupee sut trouver dans les bois, Osse'o fut transporté sur un lit moelleux de fougères où il ne tarda pas à s'endormir d'un sommeil calme et bienfaisant.

Les deux femmes s'assirent à côté de lui ; Waltermyer se tint debout à l'entrée de la grotte, fumant sa longue pipe.

Après un long silence, il reprit la conversation :

— J'ai fait ce que j'ai pu pour le Mormon.

— Vous lui avez creusé une fosse ? demanda tristement Esther.

— Oui, et profonde... et couverte de pierres..., de manière à être retrouvé par ses amis, s'il en a.

L'Indienne fixa sur lui ses yeux noirs et désolés, d'un air suppliant, mais sans rien dire. Waltermyer comprit ce regard :

— Oui, Waupee, répondit-il, j'en ferai autant pour Aigle-Noir. Peut-être ni lui ni l'autre ne m'auraient rendu ce dernier devoir, mais que m'importe. Je lui ferai un tombeau à la mode des Dacotahs ; de façon à ce que chaque membre de sa tribu, y jette une pierre en passant comme c'est leur coutume.

Un regard de reconnaissance le récompensa de ces bonnes paroles. Ensuite la jeune veuve se couvrit le visage de ses deux mains et sortit lentement. Esther voulait la suivre : Waltermyer l'en empêcha :

— Laissez-la aller seule. Elle va passer la nuit à veiller près de sa tombe : c'est dans leur religion. Et maintenant, allez dormir ; moi, je veillerai le malade.

— Non, ce sera moi ! Il m'a protégée pendant mon sommeil ; j'en veux faire autant pour lui,

— Allons, bien ! c'est en effet la tâche d'une femme. Mais ne vous tourmentez pas ; l'inquiétude chasserait les roses de vos joues, vous seriez faible et vous ne pourriez plus soigner ce brave et loyal Osse'o.

— Vous le connaissez depuis longtemps ? racontez-moi son histoire.

La nuit se passa en récits et en causeries sur le blessé. Le lendemain, il se réveilla hors de danger et capable de se lever.

Waupee n'avait pas reparu.

— Qu'est devenue cette pauvre femme ? demanda Esther qui compatissait sincèrement à sa douleur.

— Je vais voir, répliqua Waltermyer.

— J'irai avec vous, si notre malade veut prendre patience un moment, reprit Esther avec un sourire qui seul eût suffi pour guérir le demi-Indien.

— Oui, allez ! se hâta de dire ce dernier ; je l'ai bien connue ; elle était une reine de bonté, de vertu et de droiture, parmi les Dacotahs.

Ils trouvèrent l'Indienne affaissée sur la tombe

de son seigneur et maître. Leur première pensée fut qu'elle était endormie ou évanouie. Mais non ! la pauvre femme était plongée dans le sommeil suprême : son âme s'était envolée, sans agonie, sans secousse ; dans ses yeux à peine clos on voyait un dernier regard adressé au ciel.

Waltermyer lui creusa une tombe à côté de celui qu'elle avait aimé jusqu'au delà de la mort : pendant qu'il accomplissait cette tâche pieuse de grosses larmes brûlantes sillonnaient son rude visage.

— Pauvre, pauvre femme ! murmurait-il : puisse-t-elle être plus heureuse au ciel que sur cette terre. Je n'aurais jamais cru que je pleurerais sur une Peau-Rouge... c'est pourtant vrai... et si elle avait vécu... mais non ! qu'elle repose en paix ; la voilà arrivée, nous sommes encore sur la route...

ÉPILOGUE

Par une belle journée de juin, des groupes curieux et affairés stationnaient aux alentours d'un des plus riches hôtels de Saint-Louis, la grande cité assise nonchalamment sur les rives du *Père des eaux* (nom indien du Missouri).

Quelques gentlemen et quelques ladies, même, ne dédaignaient pas de sonder l'horizon à l'aide de leurs mignons binocles en cristal; plusieurs miss folâtres circulaient dans la foule, fort embarrassées de savoir ce qui leur tenait le plus à cœur de satisfaire leur curiosité ou de faire admirer leurs joues roses et leurs fraîches toilettes.

Bientôt une cavalcade rapide apparut au milieu

des flots de poussière. Elle était précédée d'une troupe portant l'équipement bariolé et somptueux des fantastiques chasseurs du *lointain ouest* : à leur tête galopait sur un superbe cheval noir comme l'ébène, un cavalier de grande taille, aux traits bronzés et expressifs, menant en laisse un étalon blanc de toute beauté.

Venait ensuite une calèche découverte : sur le devant était un beau vieillard ; dans le fond une charmante jeune femme aux cheveux blonds comme la soie des maïs d'automne, et à côté d'elle un jeune homme dont les traits fins et distingués étaient empreints d'une mélancolie sereine et heureuse. On voyait sur ce visage énergique et doux tout à la fois quelques sillons fugitifs laissés par le vent du désert — ou par le souffle amer de la vie. — Mais ces teintes presque insaisissables se fondaient en un délicieux sourire lorsque ses yeux rencontraient ceux de sa gracieuse compagne.

Tous mirent pied à terre devant le riche perron de l'hôtel où les attendaient et les acclamaient de nombreux domestiques.

Le cavalier au cheval noir était seul resté en selle : le jeune couple s'approcha de lui.

— Frère, lui dit le jeune homme, voilà notre maison ; regardez ces portes ouvertes, regardez ces visages amis ; la prairie est bien solitaire, le désert est bien vide ; que notre frère au visage pâle détourne ses regards de l'ouest et qu'il les arrête sur ce wigwam heureux ; notre affection sera longue comme la vie, les jours s'écouleront sans nuage. Bientôt, ajouta-t-il en tournant les yeux vers sa jeune femme toute rougissante, il y aura parmi nous de petits enfants qui vous rappelleront de chers souvenirs. Osso'o prie son frère au visage pâle de rester avec lui.

— Oh! ma douce petite Est', murmura Waltermyer ; merci mon cher compagnon, poursuivit-il d'une voix émue, j'ai besoin de l'air qu'on respire là-bas ; ici je manque de soleil et le ciel me semble petit : je suis un enfant de la savane, les bois réjouissent ma vue, ces grandes maisons l'attristent. Et puis...,—ici sa voix trembla, ses yeux se voilèrent, — et puis... il y a dans les sentiers solitaires, des tombes auxquelles personne ne pensera, si le vieux Kirk Waltermyer ne les visite pas de temps en temps. Merci, vous avez été bons pour moi, tous deux, je ne vous oublierai pas.

La jeune femme lui prit la main et lui dit en souriant à travers ses larmes :

— Si rien ne peut vous retenir, notre bon Kirk, souvenez-vous qu'en tout temps, à toute heure, vous aurez des amis, de vrais amis sincères. Si un jour il vous plaît de retrouver une famille, songez à nous ; et si votre vie aventureuse vous emmène si loin que nous ne nous revoyions jamais, nous penserons à vous jusqu'à la mort..., songez à nous...

La voix d'Esther s'éteignit dans un sanglot, elle s'appuya sur l'épaule de son mari.

Waltermyer voulut répondre, mais ses lèvres ne purent prononcer aucune parole ; une grosse larme tomba de ses yeux, et alla rouler jusque sur la main d'Esther.

Il s'inclina sur cette main qui serrait encore la sienne et après l'avoir embrassée, il la remit doucement dans celle d'Osse'o; puis, rendant les rênes à son brave Star, il partit au galop : quelques secondes après il disparaissait comme une ombre dans la direction du *lointain ouest*.

— Miss Hélène Worthington ! dit galamment dans la foule un jeune gentleman de toute beauté, me sera-t-il permis de vous offrir mon bras ?

— Oh ! sir, répliqua nonchalamment la jeune miss aux yeux de bluet ; que ferais-je de votre bras ?

— Il vous conduira jusque chez vous, et par-dessus le marché je vous dirai la grande nouvelle du jour.

— Eh bien ! dites ; si cela en vaut la peine, je prendrai votre bras.

— Volontiers, miss, reprit le gentleman en incrustant son lorgnon dans l'œil pour mieux juger de l'effet qu'il allait produire ; la cavalcade mystérieuse qu'un tourbillon de poussière dérobait aux regards.... c'était....

— C'était....? allons, parlez !

— C'était l'équipage de Charles Saint-Clair qui a épousé au désert la fille d'un planteur million-

naire; elle est plus belle encore que riche!......
N'aviez-vous pas été fiancée avec Saint-Clair...?

La jeune fille pâlit comme si elle eût reçu un coup de poignard, et disparut dans la foule.

— Vous avez été un peu... comment dirai-je... un peu sec, mon cher Houston, cria-t-on au gentleman, du milieu d'un groupe qui riait à distance.

— Mais non, mais non! c'est égal, elle dormira mal la nuit prochaine : peut-être se résoudra-t-elle à rester fille.

FIN

TABLE DES MATIÈRES.

Chapitres.	Pages.
I. — A l'occident	5
II. — Un noble cœur	17
III. — L'apôtre	33
IV. — Charles et Hélène	45
V. — La prisonnière des Dacotahs	67
VI. — L'eau	79
VII. — La cavalcade	98
VIII. — Le feu dans la prairie	109
IX. — Cœur droit	127
X. — Complication	139
XI. — Le cavalier solitaire	151
XII. — Un guide imprévu	161
XIII. — Pauvre Waupee!	171
XIV. — Tribulations d'un prophète	187
XV. — Un duel au désert	201
ÉPILOGUE	215

A. DEGORCE-CADOT

ÉDITEUR-LIBRAIRE

9, rue de Verneuil, PARIS

VOIR D'AUTRE PART

LES EXTRAITS DU CATALOGUE

DES

DIFFÉRENTES COLLECTIONS

Le Catalogue général de a Librairie Degorce-Cadot est envoyé franco en réponse à toute demande affranchie.

EXTRAIT DU CATALOGUE DE LA LIBRAIRIE DECORCE-CADOT

ROMANS A 3 FR 50 LE VOLUME

KOCK HENRY (DE)
Les Treize nuits de Jane... 1

VERON (PIERRE)
Le Panthéon de Poche... 1

L'AMBASSADEUR X...
Histoire secrète des Amours et des Amants de Catherine II... 1

UN AMI DE L'ABBÉ X...
Les Amours d'une Cosaque.. 1

BLANQUET (ALBERT)
Le Parc aux Cerfs... 1

ROMANS A 3 FR. LE VOLUME

AIMARD (GUSTAVE) Vol.
Les Chasseurs mexicains, avec gravure........... 1
Le Lion du désert, avec gr... 1
Les Fils de la Tortue. 2ᵉ éd. avec gravure............ 1
L'Araucan, 2ᵉ éd. avec gr... 1
Doña Flor........................ 1

CAPENDU (ERNEST)
Le Tambour de la 32ᵉ demi-brigade................. 3
Le Roi des Gabiers, avec gravure................ 3
Bibi-Tapin...................... 4
L'Hôtel de Niorres........... 3
Une Reine d'Amour, avec gravure................ 1
Le Mât de Fortune, avec gravure................ 1
Pour un Baiser, avec gr... 1
Les Rascals.................... 1
Le capitaine Lachesnaye.. 1
Les secrets de Maître Eudes 1
Le Baron de Grandair...... 1

Les Grottes d'Etretat...... Vol. 1

FOUDRAS (MARQUIS DE)
L'abbé Tayant, avec gr.... 1
Saint-Jean Bouche d'Or, avec gravure............ 1
Les Misères dorées, avec gravure................ 1
Une Vie aventureuse, avec gravure................ 1
Un Caprice royal............ 1
Le Père la Trompette, avec gravure............... 1

GONDRECOURT (A. DE)
Le Secret d'une Veuve, avec gravure............ 1
Les Jaloux, avec gr......... 1
Le Général Chardin, avec gravure................ 1

SŒUR X...
Les Mémoires d'une Religieuse
Le Couvent..................... 1
La Défroquée.................. 1

CH. PAUL DE KOCK.

LA GRANDE VILLE.

EXTRAIT DU CATALOGUE DE LA LIBRAIRIE DEGORCE-CADOT

COLLECTION
DES
ŒUVRES DE CHARLES PAUL DE KOCK
avec une gravure de la typographie Claye

2 francs le volume

SOUSCRIPTION PERMANENTE

	Vol.		Vol.
L'Amoureux transi............	1	Flon, flon, flon Laridondaine....	1
Mon ami Piffard............	1	Les Nouveaux Troubadours.....	1
L'Ane à M. Martin............	1	Le Petit-fils de Cartouche........	1
La Baronne Blagaiskoff........	1	La Grappe de groseille.........	1
La Bouquetière du Château-d'Eau............	2	L'Homme aux trois culottes.....	1
Carotin............	1	Maison Perdaillon et Cie........	1
Cerisette............	2	Le Riche Craunisan............	1
Les Compagnons de la Truffe...	2	Un Jeune Homme mystérieux...	1
Le Concierge de la rue du Bac.	1	La Jolie Fille du faubourg......	2
L'Amant de la Lune............	3	Madame de Montflanquin.......	1
La Dame aux trois corsets......	1	Madame Pantalon............	1
La Demoiselle du cinquième....	2	Madame Tapin............	1
Les Demoiselles de magasin....	2	Un mari dont on se moque.....	1
Une Drôle de maison..........	1	La Mairie de Fontenay-aux-Roses	1
Les Etuvistes............	2	Ce Monsieur............	1
La Famille Braillard............	2	M. Chéramí............	1
La Famille Gogo............	2	M. Choublanc............	1
Les Femmes, le Jeu et le Vin...	1	Papa Beau-Père............	1
Une Femme à trois visages.....	2	Le Petit Bonhomme du coin....	1
La Fille aux trois jupons........	1	La Petite Lise............	1
Friquette............	1	Les Petits Ruisseaux............	1
Une Gaillarde............	2	La Prairie aux coquelicots......	2
La Grande Ville............	1	Le Professeur Ficheclaque......	1
Taquinet le Bossu............	1	Sans-Cravate............	2
Paul et son chien............	1	Le Sentier aux prunes.........	1
Les époux Chamoureau........	1	Madame Saint-Lambert........	1
Le Millionnaire............	1	Benjamin Godichon............	1
Le Petit Isidore............	1	L'Amour qui vient et l'Amour qui passe............	1

Il est tiré de chaque ouvrage *cent exemplaires* sur très beau papier de Hollande, avec couverture parchemin glacé, de l'imprimerie *Jouaust*, et gravure sur Chine, à 5 fr. le volume.

EXTRAIT DU CATALOGUE DE LA LIBRAIRIE DEGORCE-CADOT

ŒUVRES COMPLÈTES
DE
PIGAULT-LEBRUN
A 2 FR. LE VOLUME
ÉDITION ILLUSTRÉE.

ONT PARU A CE JOUR:

Monsieur Sans-Souci.....	Dessins de Hadol	1
L'Heureux Jérôme.......	—	1
Monsieur Botte.........	—	1
Les Barons de Felsheim...	—	1
Le Mouchard	—	1
La Folie espagnole.......	—	1
La Folie Française......	—	1
Les Mémoires de Fanchette.	—	1
Angélique et Jeanneton ...	—	1
Monsieur trop complaisant.	Dessins de Morland	1
Mon oncle Thomas	Dessins de A. Michele	1
La petite sœur Éléonore ..	—	1
Adolphe Luceval	Dessins de Morland	1
Consolation aux Laides ...	Dessins de A. Michele	1
Le Coureur d'aventures ...	Dessins de Morland	1
Un de plus...........	—	1
Tant va la cruche à l'eau... .	—	1

Jusqu'à ce que la collection entière ait été publiée, il paraîtra un volume chaque mois.

EXTRAIT DU CATALOGUE DE LA LIBRAIRIE DEGORCE-CADOT

COLLECTION DES ŒUVRES DE HENRY DE KOCK
(Ch. PAUL DE KOCK Fils.)

A 3 FR. 50 LE VOLUME

Les Treize Nuits de Jane 1

A 3 FR. LE VOLUME.

Mademoiselle ma femme 1

A 2 FR. LE VOLUME

Les Hommes volants, avec gravure 1
Comment aimait une grisette, avec gravure 1
Ninie Guignon, avec gravure 1
La Fée aux Amourettes, avec gravure 1
Marianne (Démon de l'Alcôve), avec gravure 1
Les Quatre baisers, avec gravure 1
Une Coquine, avec gravure 1
Ma petite Cousine, avec gravure 1
Je me tuerai demain, avec gravure 1
Mademoiselle Croquemitaine 1

A 1 FR. 25 LE VOLUME

Beau Filou 1
L'Auberge des Treize Pendus 2
L'Amant de Lucette 1
Les Mystères du Village 2
La Dame aux Emeraudes 1
Les Femmes honnêtes 1
La Tribu des Gêneurs 1
Minette 1
Morte et Vivante 1
Les Amoureux de Pierrefonds 1
Bibi et Lolo 1
Les Consolations de Bibi 1
Courses aux Amours 1

LE PARC AUX CERFS.
(Voir collection à 3 fr. 50 le volume.)

EXTRAIT DU CATALOGUE DE LA LIBRAIRIE DEGORCE CADOT

COLLECTION

A 2 FR. LE VOLUME

ASSOLANT (ALFRED)
Vol.
La Confession de l'abbé Passereau. 1

AIMARD (GUSTAVE)
Une vendetta mexicaine, avec gravures...................... 1

CAPENDU (ERNEST)
Les Coups d'Epingle........... 1
Le Chat du Bord.............. 1
Blancs et Bleus............... 1
La Mary-Morgan............... 1
Un vœu de Haine.............. 1

DAUDET (ERNEST)
Les douze Danseuses de Lamôle. 1

MARQUIS DE FOUDRAS
Suzanne d'Estouville........... 2
Un Caprice de Grande Dame :
Madeleine pécheresse.......... 1
Madeleine repentante.......... 1
Madeleine relevée............. 1

GONDRECOURT (A. DE)
Le Sergent la Violette......... 1

LAVERGNE (ALEX. DE)
Vol.
Le Lieutenant Robert.......... 1
Epouse ou Mère............... 1

XAVIER DE MONTÉPIN
Un Drame en famille, avec gravure...................... 1
La Duchesse de la Tour du Pic, avec gravure................ 1
Mam'zelle Mélie, avec gravure.. 1
Un Amour de Grande Dame, avec gravure.................... 1
L'agent de police............. 1
La Traite des Blanches........ 1

PESSARD (HECTOR)
Les Gendarmes................ 1

PRADEL (GEORGES)
Plaisir d'Amour............... 1

QUINET (Mᵐᵉ EDGAR)
Mémoires d'exil............... 1

Nota bene. Voir les romans de Ch. Paul de Kock, de Pigault-Lebrun et de Henry de Kock aux pages spéciales pour chacun de ces auteurs.

EXTRAIT DU CATALOGUE DE LA LIBRAIRIE DEGORGE-CADOT

COLLECTION DES ROMANS

A 1 FR. 25 LE VOLUME

BERTHET (ÉLIE)

	Vol.
Le Démon de la Chasse	1
Le Capitaine Rémy	1
La Bête du Gévaudan	2
Le Garde-Chasse	1
Le Val d'Andorre	1
La Dernière Vendetta	1
Le Colporteur et la Croix de l'affût	1
Le Bon vieux temps	1
Le Gentilhomme Verrier	1
La Tour du Télégraphe	1
La Directrice des postes	1
Antonia	1
Le Juré assassin	1
L'Homme des bois	1
Le Fauconnier	1
Denise Blanchard	1
Mademoiselle Duranci	1

BILLAUDEL (ERNEST)

Par-dessus le mur	1
Histoire d'un Trésor	1
Un Mariage légendaire	1
Une Femme fatale	1
Ma Tante Lys	1

BOULABERT (JULES)

La Fille du Pilote	3
Les Catacombes sous la Terreur	2
Le Fils du Supplicié	2
La Femme bandit	4
Les Amants de la Baronne	2

CAPENDU (ERNEST)

Mademoiselle la Ruine	2
Les Colonnes d'Hercule	1
Arthur Gaudinet	2
Surcouf	1

CHARDALL (LUC)

Les Vautours de Paris	2

CHARDALL (LUC) *Suite*

	Vol.
Le Bâtard du Roi	1
Jarretières de Madame de Pompadour	1
Trois Amours d'Anne d'Autriche	1
Le Capitaine Dix	1
Geneviève la Rouge	1

CHATEAUBRIAND (DE)

Tous les volumes ornés de gravures sur acier.

Atala et René	1
Les Natchez	2
Génie du Christianisme	2

DESLYS (CHARLES)

Le Canal St-Martin	2
Le Mesnil-au-Bois	1
La Marchande de Plaisirs	1

DUPLESSIS (PAUL)

Juanito le Harpiste	1
Les Peaux-Rouges	4
Les Etapes d'un Volontaire	4
L'illustre Polinario	1
Aventures mexicaines	1
Les Grands Jours d'Auvergne	4
La Sonora	2
Les Boucaniers	4
Une fortune à faire	1

FOUDRAS (MARQUIS DE)

Madame Hallali	1
Lord Algernon	2
Jacques de Brancion	2
La Comtesse Alvinzi	1
Madame de Miremont	1
Soudards et Lovelaces	1

EXTRAIT DU CATALOGUE DE LA LIBRAIRIE DEGORCE-CADOT

COLLECTION DES ROMANS

A 1 FR. 25 LE VOLUME (suite).

GONDRECOURT (A. DE)

	Vol.
Mademoiselle de Cardonno	1
Le Légataire	1
Le Baron La Gazette	2
Un Ami diabolique	1
Le Bout de l'oreille	3
Médine	2
Le Rubicon	1

LANDELLE (DE LA)

Les Iles de Glaces	2
Les Géants de la Mer	4
Haine à bord	1

MONTÉPIN (XAVIER DE)

La Perle du Palais-Royal	1
La Fille du Maître d'école	1
Le Compère Leroux	1
Un Brelan de Dames	1
Les Valets de Cœur	1
La Comtesse Marie	1
L'Officier de fortune	2
La Sirène	1
Viveurs d'autrefois	1
Les Amours d'un Fou	1
Pivoine	1
Mignonne	1
Geneviève Galliot	1
Les Chevaliers du Lansquenet	4
Les Viveurs de Paris	4
Les Viveurs de Province	3

NOIR (LOUIS)

Jean Chacal	3
Le Coupeur de Têtes	1
Le Lion du Soudan	2
Le Corsaire aux Cheveux d'or	2
Sous la tente	1

	Vol.
Les Goelans de l'Troise	2
Le Pavé de Paris	1
Les Peuplades Algériennes	1

PERCEVAL (VICTOR)

Béatrix	1
Un Excentrique	1
Un Amour de Czar	1
La plus laide des Sept	1
La Pupille du Comédien	1
Une femme dangereuse	1
La Contessina	1

SUE (EUGÈNE)

Plick et Plock	1
La Salamandre	5
La Coucaratcha	4
Les Sept péchés capitaux	1
Les Mystères de Paris	1
Paula Monti	1
Latréaumont	1
Le Commandeur de Malte	4
Thérèse Dunoyer	4
Le Juif-Errant	1
Miss Mary	2
Mathilde	3
Deux Histoires	1
Arthur	2
La Famille Jouffroy	1
Le Morne au Diable	1
La Vigie de Koat Ven	2
Les Enfants de l'Amour	2
Mémoires d'un Mari	1
Fils de Famille	1

etc., etc., etc.

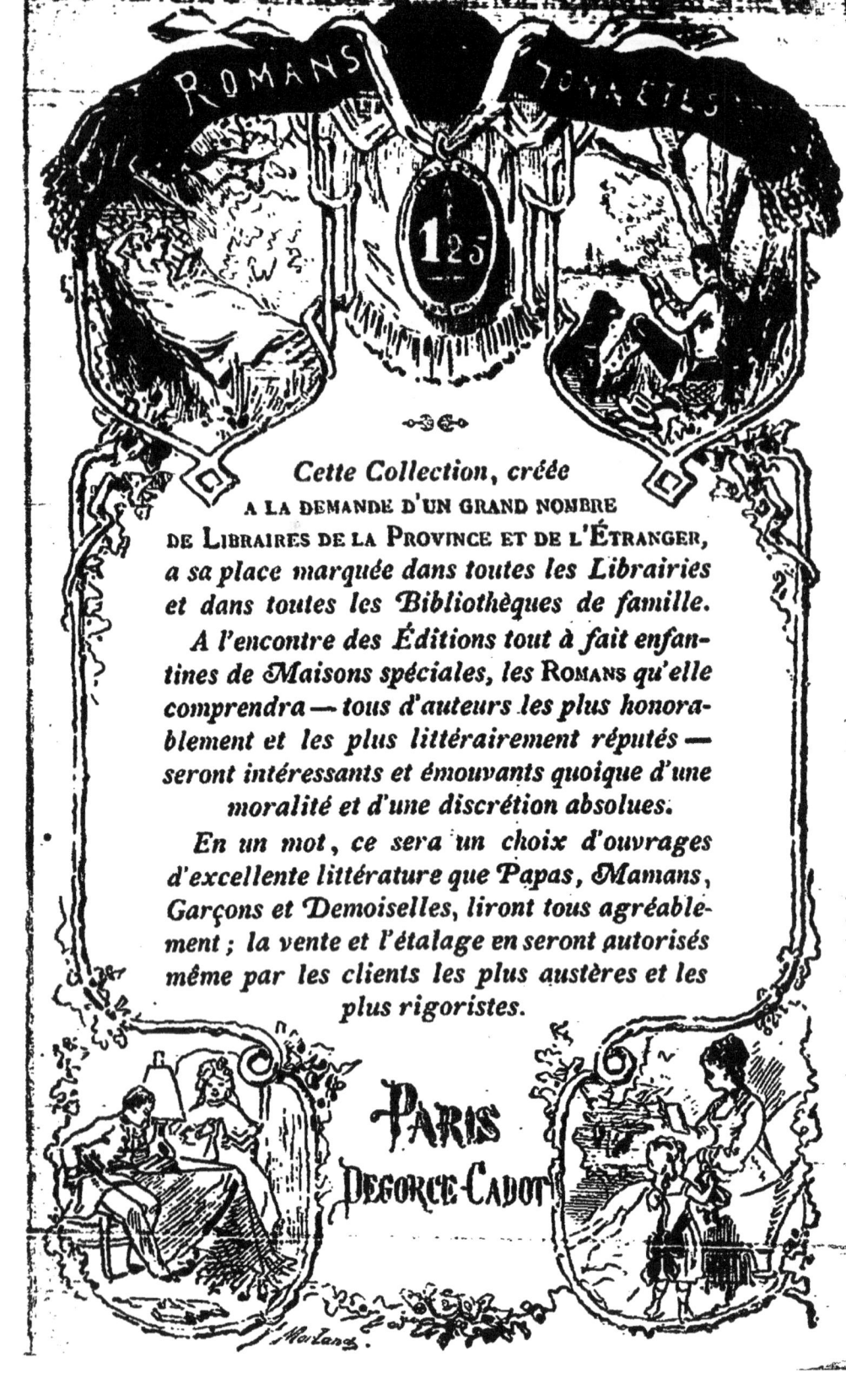

EXTRAIT DU CATALOGUE DE LA LIBRAIRIE DEGORCE-CADOT

COLLECTIONS DES ROMANS HONNÊTES
A 1 FR. 25 LE VOLUME.

MADAME V. ANGELOT
	Vol.
Un Nœud de rubans	1
Georgine	1

BERNARDIN DE ST-PIERRE
Paul et Virginie, suivi de la Chaumière indienne (avec gravures)	1

BERTHET (ÉLIE)
Le Capitaine Rémy	2
La Bête du Gévaudan	2
Les Mystères de la Famille	1
Le Garde-Chasse	1
Le Val d'Andorre	1
La Dernière Vendetta	1
Le Colporteur et la Croix de l'affût	1
Le Gentilhomme verrier	1
La Tour du Télégraphe	1
La Directrice des postes	1
Antonia	1
Le Juré assassin	1
Le Fauconnier	1
Denise Blanchard	1
Mademoiselle Duranci	1
L'Homme des bois	1
La Route du Mal	1

BILLAUDEL (ERNEST)
La Mare aux Oies	1
Un Mariage légendaire	1
Ma Tante Lys	1

CHATEAUBRIAND (DE)
Tous les volumes sont ornés de gravures sur acier :
Atala et René	1
Les Natchez	2
Génie du Christianisme	2

DESLYS (CHARLES)
	Vol.
Le Mesnil-au-Bois	1

GONDRECOURT (A. DE)
Mademoiselle de Cardonne	1
Le Légataire	1
Le Baron La Gazetto	2
Un Ami diabolique	1
Le Rubicon	1

FOUDRAS (MARQUIS DE)
Lord Algernon	1
Jacques de Brancion	2
La Comtesse Alvinzi	1
Madame de Miremont	1

LANDELLE (DE LA)
Les Iles de Glaces	2
Une Haine à bord	1
Surcouf	1

LE TASSE
La Jérusalem délivrée	1

PERCEVAL (VICTOR)
Béatrix	1
Un Excentrique	1
La Plus laide des Sept	1

MADAME RATTAZZI
Si j'étais Reine	1
Le Rêve d'une Ambitieuse	1
Nico la Belle	1

ROBERT (ADRIEN)
Les Diables roses	1

THIERY (VICTOR)
La Dame au Pistolet	1

Cette Collection de Romans, à la fois **intéressants** et **honnêtes**, s'augmente mensuellement de deux ou trois volumes.

EXTRAIT DU CATALOGUE DE LA LIBRAIRIE DEGORGE-CADOT

BIBLIOTHÈQUE DE BONS ROMANS ILLUSTRÉS

FORMAT GRAND IN-4°

AIMARD (GUSTAVE).

Le Fils du Soleil, 2 séries...	1 20
Une poignée de Coquins, 3 séries...	1 80
Le Loup Garou, 3 séries......	1 80
Pris au Piège, 3 séries........	1 80
Les Foucileurs de femmes, 3 séries...	1 80
La Revanche, 3 séries........	1 80

ANCELOT (MADAME V).

Laure, 2 séries.............	1 20
La Fille d'une joueuse, 2 séries	1 20

ANONYME.

Mémoires secrets du duc de Roquelaure, 8 séries	4 80
1re et 2e sér. br. ensemble..	
3e et 4e — — —	1 20
5e et 6e — — —	
7e et 8e — — —	

BAUCHERY (ROLLAND).

Les Bohémiens de Paris, 3 séries	1 80

BERNARDIN DE SAINT-PIERRE.

Paul et Virginie, 1 série......	» 60
La Chaumière indienne, 1 série........................	» 60

BERTHET (ÉLIE).

Mademoiselle de la Fougeraie, 1 série...................	» 60
L'Oiseau du désert, 2 séries..	1 20
Paul Duvert, 1 série..........	» 60
L'Incendiaire, 1 série........	» 60
Le Val d'Andore, 1 série.....	» 60
M. de Blangy et les Rupert, 1 série...................	» 60
Les Chauffeurs, 3 séries......	1 80
Le Château de Montbrun, 2 séries.....................	1 20
La Directrice des postes, 2 séries.....................	1 20
La Folle des Pyrénées, 2 séries.....................	1 20
L'assassin du percepteur, 2 séries.....................	1 20
Le Braconnier, 2 séries......	1 20
La Polonia, 2 séries.........	1 20
La Mésalliance, 2 séries......	1 20
La Faillite, 2 séries.........	1 20

DILLAUDEL (ERNEST).

Un mariage légendaire, 1 série.....................	» 60
La Femme fatale, 1 série....	» 60
Les Vengeurs de Lorraine, 2 séries.....................	1 20
Miral, 2 séries...............	1 20

BLANQUET (ALBERT).

Le Parc aux Cerfs, 2 séries...	1 20
Un Sérail royal, 3 séries.....	1 80
Le Triomphe de Mlle Diane, 2 séries.....................	1 20

BOULABERT ET PHILIPPE ROLLA.

La Franc-Maçonnerie des Voleurs.....................	1 80

BOISGOBEY (F. DU).

L'Empoisonneur, 3 séries....	1 80
La Tête de mort, 3 séries....	1 80
La Toile d'araignée, 3 séries..	1 80
La Bande rouge, 3 séries....	1 80
Un Drame sur la Seine, 2 séries.....................	1 20
La Muette qui parle, 2 séries.	1 20

BOULABERT (JULES).

La Femme bandit, 6 séries...	3 60
Le Fils du supplicié, 3 séries...	1 80
La Fille du pilote, 5 séries...	3

EXTRAIT DU CATALOGUE DE LA LIBRAIRIE DEGORCE-CADOT

Les Catacombes sous la Terreur, 3 séries	1 80	L'Aveugle de Bagnolet, 1 série	» 60
Les Amants de la baronne, 3 séries	1 80	Le Mesnil-au-Bois, 1 série	» 60
Luxure et Chasteté, 2 séries	1 20	**DOMINIQUE (A.).**	
CAPENDU (ERNEST).		Les Évadés de Cayenne, 3 séries	1 80
Mademoiselle la Reine, 3 séries	1 80	La Pupille du Forçat, 3 séries	1 80
Le Pré Catelan, 2 séries	1 20	**DULAURE.**	
Capitaine Lachesnaye, 3 séries	1 80	Les Deux Invasions (1814-1815), avec préface de JULES CLARETIE, 4 doubles séries à 1 20	5 80
Les Grottes d'Étretat, 3 séries	1 80	Le Crime d'Avignon, 1 série	» 60
Sarouf, 1 série	» 60	Les Tueurs du Midi, 1 série	» 60
La Mère l'Étape, 3 séries	1 80	Les Jumeaux de la Réole, 2 séries	1 20
La Tour aux Rats, 2 séries	1 20	L'Assassinat de Rodez (Affaire Fualdès) 1 série	» 60
Le Sire de Lustupin, 2 séries	1 20	**DUPLESSIS (PAUL).**	
CAUVAIN (JULES).		Les Boucaniers, 5 séries	3 »
Le Voleur de diadème	1 80	Maurevert l'Aventurier, 2 séries	1 20
CHARDALL.		Les deux Rivales, 2 séries	1 20
Le Bâtard du roi, 2 séries	1 20	Les Étapes d'un volontaire, 5 séries	3 »
Les Jarretières de Mme de Pompadour, 2 séries	1 20	Les Batteurs d'estrade, 5 séries	3 »
Trois Amours d'Anne d'Autriche, 2 séries	1 20	Les Mormons, 4 séries	2 40
Capitaine Dix, 2 séries	1 20	**FADRE D'OLIVET.**	
Les Vautours de Paris, 3 séries	1 80	Le Chien de Jean de Nivelle, 2 séries	1 20
CHATEAUBRIAND.		**FÉNÉ (OCTAVE).**	
Les Natchez, 4 séries	2 40	La Bergère d'Ivry, 3 séries	1 80
Atala, 1 série	» 60	**FOUDRAS (MARQUIS DE).**	
René, le dernier des Abencérages, 1 série	» 60	La Comtesse Alvinzi, 2 séries	1 20
Les Martyrs, 3 séries	1 80	Madeleine pécheresse, 3 séries	1 80
Itinéraire de Paris à Jérusalem, 3 séries	1 80	Madeleine repentante, 2 séries	1 20
DESLYS (CHARLES).			
Le Canal Saint-Martin, 3 séries	1 80		
Les Compagnons de minuit, 2 séries	1 20		
La Marchande de plaisirs, 1 série	» 60		

Madeleine relevée, 2 séries.. 1 20

GONDRECOURT (A. DE).

Les Péchés Mignons, 4 séries.................. 2 40
Les Jaloux, 3 séries....... 1 80
Mademoiselle de Cardonne, 2 séries................. 1 20
Le dernier des Kerven, 3 séries................... 1 80
Le Chevalier de Pampelonne, 2 séries............... 1 20
Régicide par Amour, 1 série................... » 60
Les Cachots de la Bastille, 3 séries................... 1 80
Une Vengeance de Femme, 2 séries................. 1 20
Madame de Trèbes, 2 séries. 1 20
Pierre Laborgne, 1 série... » 60

CAMILLE GROS.

Les Camisards, 2 séries.... 1 20

KOCK (PAUL DE).

L'Amant de la Lune (en théâtre), 1 série........ » 60
Le petit Bonhomme du coin, 1 br............... » 75
Maison Perdalihon et fils... » 75
Le riche Cramoisan....... » 75
Flon, flon, flon Laridondaine................ » 75

KOCK (HENRY DE).

La Fille à son père, 1 série........................ » 60
Le Démon de l'Alcôve, 1 série................... » 60
Les Baisers maudits, 1 série................... » 60
La Tigresse, 2 séries..... 1 20
L'Amant de Lucette, 1 série................... » 60
Le Médecin des Voleurs, 4 séries................. 2 40
Ni Fille, ni Femme, ni Veuve, 1 série................ » 60

Les Trois Luronnes, 3 séries................... 1 80
L'Auberge des Treize Pendus, 3 séries.......... 1 80
Les Mystères du village, 2 séries................. 1 20
L'Heure du Berger, 1 série. » 60

LABOURIEUX.

L'Ouvrier Gentilhomme, 2 séries................. 1 20

LANDELLE (GUSTAVE DE LA).

Les Géants de la mer, 4 séries................... 2 40
Reine du Bord, 3 séries... 1 80
Une Haine à bord, 2 séries. 1 20
Les Iles de glace, 3 séries.. 1 80

LAVERGNE (ALEXANDRE DE).

Le Lieutenant Robert, 2 séries................. 1 20
Epouse ou Mère, 2 séries.. 1 20

MAIMBOURG (LE P.).

Les Croisades, 4 doubles séries à 1 fr. 20......... 4 80

MÉRY.

Un Carnaval à Paris, 2 séries................... 1 20

MEUNIER (ALEXIS).

Le Comte de Soissons, 2 séries................. 1 20

MONTÉPIN (XAVIER DE).

Les Viveurs de Province, 4 séries................. 2 40
Le Loup Noir, 1 série..... » 60
Les Amours d'un fou, 2 séries................... 1 20
Les Chevaliers du lansquenet, 7 séries......... 4 20
La Sirène, 1 série........ » 60
L'Amour d'une pécheresse, 1 série................ » 60
Un Gentilhomme de grand chemin, 3 séries........ 1 80
Confession d'un bohème, 3 séries................. 1 80

EXTRAIT DU CATALOGUE DE LA LIBRAIRIE DEGORCE-CADOT

Le Vicomte Raphaël, 2 séries	1 20	L'art de faire un mari	» 75
La Fatalité, 1 série	» 60	Un de plus	» 75
Les Oiseaux de nuit, 3 séries	1 80	Tant va la cruche à l'eau	» 75
Compère Leroux, 1 série	» 60	Mon oncle Thomas	1 »
La Borghetta, 1 série	» 60	La petite sœur Ridacre	1 »
		Adolphe Lucqual	1 »
		Consolation aux Laides	1 »
		La Folle Espagnole	» 75
		De plus fort en plus fort	» 75

NOIR (LOUIS).

Le Coupeur de têtes, 4 séries	2 40
Le Lion du Soudan, 4 séries	2 40
Jean qui tue, 4 séries	2 40
Jean Chacal, 2 séries	1 20
Le Roi des Jungles, 3 séries	1 80
La Tombe ouverte, 2 séries	1 20
La Folle de Quiberon, 3 séries	1 80
Grands jours de l'armée d'Afrique, 3 séries	1 80
Campagnes de Crimée, 12 séries à 50 c	6 »
Campagne d'Italie, 6 séries à 50 c	3 »
Le Corsaire aux cheveux d'or, 3 séries	1 80

PREVOST (L'ABBÉ).

Manon Lescaut, 1 série	» 60

ROLLA (UN OFFICIER D'ÉTAT-MAJOR).

Crimes et Folies de l'année terrible, 2 doubles séries à 1 fr. 20	2 40

RIEUX (JULES DE).

Ces Messieurs et ces Dames, 2 séries	1 20

ROUQUETTE.

Ce que coûtent les Femmes	1 20

ROUQUETTE ET FOURGEAUD.

Les Drames de l'amour, 2 séries	1 20

ROUQUETTE ET MORET.

Le Médecin des femmes, 3 séries	1 80

VADALLE (DE).

L'Homicide d'Auteuil, 3 séries	1 80

VIDOCQ.

Les Vrais Mystères de Paris, 4 séries	2 40

PERCEVAL (VICTOR).

Blanche, 1 série	» 60
La plus laide des Sept, 2 séries	1 20
Régina, 2 séries	1 20
Béatrix, 1 série	» 60
Un Excentrique, 1 série	» 60

PERRIN (MAXIMILIEN).

Les Mémoires d'une Lorette, 2 séries	1 20
Le Bambocheur, 2 séries	1 20

PIGAULT-LEBRUN.

Sans-Souci	» 75
L'homme à projets	» 75

VOLTAIRE.

Candide, 1 série	» 60

La collection complète des œuvres de Pigault-Lebrun sera terminée en 1878.

BIBLIOTHÈQUE HISTORIQUE

GARNIER PAGÈS
HISTOIRE DE LA RÉVOLUTION DE 1848
3 beaux vol. in-4°, ornés de nombreuses gravures. 26 fr. 50

1re PARTIE : LA RÉVOLUTION DE 1848 EN FRANCE. 2 vol........ 10 »
2e PARTIE : DANS L'EUROPE DU NORD. 1 vol.................. 4 »
3e PARTIE : EN ITALIE.. 2 50

Cet ouvrage forme 52 séries à 50 centimes qui se vendent séparément.

ADOLPHE MICHEL, RÉDACTEUR DU SIÈCLE
HISTOIRE
DE LA
TROISIÈME RÉPUBLIQUE FRANÇAISE
1870 — 1871
AVEC PRÉFACE D'EDGAR QUINET

Deux beaux volumes in-8°, avec gravures sur papier teinté,
cartes, plans, etc., etc. 10 fr.

Cet ouvrage forme 93 fascicules à 25 centimes.

ERNEST HAMEL
HISTOIRE DU SECOND EMPIRE
PRÉSIDENCE DE LOUIS-NAPOLÉON BONAPARTE

Un volume in-4°, illustré................. 5 fr.

Cet ouvrage forme 42 livraisons à 10 centimes.

E. GELLION-DANGLAR
HISTOIRE DE LA RÉVOLUTION DE 1830
PRÉCÉDÉE DE LA FIN DE
L'HISTOIRE DE LA RESTAURATION

Un fort volume in-8°......................... 5 fr.

UN OFFICIER D'ÉTAT-MAJOR
HISTOIRE DU SIÈGE DE PARIS

1re PARTIE : AVANT LE SIÈGE. Effondrement de l'Empire.... 2 »
2e PARTIE : LE SIÈGE DE PARIS PAR LES PRUSSIENS........... 5 »
3e PARTIE : PARIS-COMMUNE, le siége Versaillais........... 2 50

ŒUVRES DE GUSTAVE AIMARD

A 3 FRANCS LE VOLUME

LES CHASSEURS MEXICAINS, avec gravure. . .	1 vol.
DOÑA FLOR	1 vol.
LES FILS DE LA TORTUE, 2ᵉ édit., avec gravure.	1 vol.
L'ARAUCAN, 2ᵉ édit., avec gravure	1 vol.

A 2 FRANCS LE VOLUME

UNE VENDETTA MEXICAINE, avec gravure . . .	1 vol.

OUVRAGES GRAND IN-4° ILLUSTRÉS
Voir le Catalogue général

GUSTAVE AIMARD & JULES-B. D'AURIAC

A 1 FR. 25 LE VOLUME

L'AIGLE-NOIR DES DACOTAHS	1 vol.
LES PIEDS FOURCHUS.	1 vol.
LE MANGEUR DE POUDRE	1 vol.
L'ESPRIT BLANC	1 vol.
LE SCALPEUR DES OTTAWAS	1 vol.
LES FORESTIERS DU MICHIGAN	1 vol.
ŒIL-DE FEU.	1 vol.
CŒUR DE-PANTHÈRE.	1 vol.
LES TERRES D'OR	1 vol.
JIM L'INDIEN.	1 vol.
RAYON-DE-SOLEIL.	1 vol.

Note de l'éditeur. — Tous les ouvrages de la collection à 1 fr. 25 seront édités dans le cours de l'année 1878.

LA
VIE PROLONGÉE

CONSEILS AUX GENS DU MONDE

AGE CRITIQUE — NOUVELLE JEUNESSE

PAR

LE DOCTEUR GUYÉTANT

Chevalier de la Légion d'honneur,
Membre de l'Académie de médecine de Paris, etc., etc.

A. DEGORCE-CADOT

ÉDITEUR

9, rue de Verneuil

PARIS

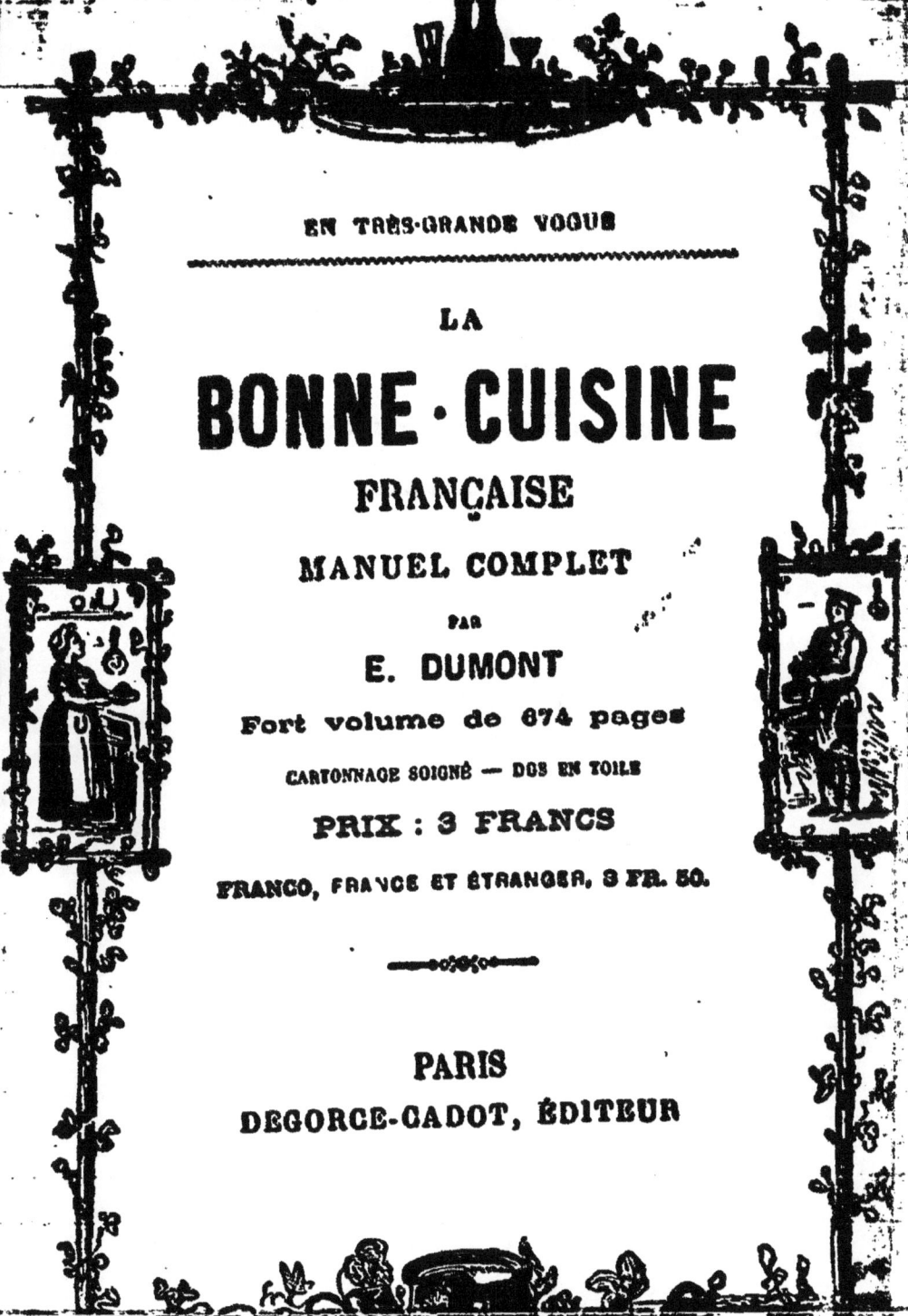

EN TRÈS-GRANDE VOGUE

LA
BONNE-CUISINE
FRANÇAISE
MANUEL COMPLET
PAR
E. DUMONT
Fort volume de 674 pages

CARTONNAGE SOIGNÉ — DOS EN TOILE

PRIX : 3 FRANCS

FRANCO, FRANCE ET ÉTRANGER, 3 FR. 50.

PARIS
DEGORCE-CADOT, ÉDITEUR

662. — Abbeville. — Typ. et stér. Gustave Retaux

www.ingramcontent.com/pod-product-compliance
Lightning Source LLC
Chambersburg PA
CBHW060126170426
43198CB00010B/1053